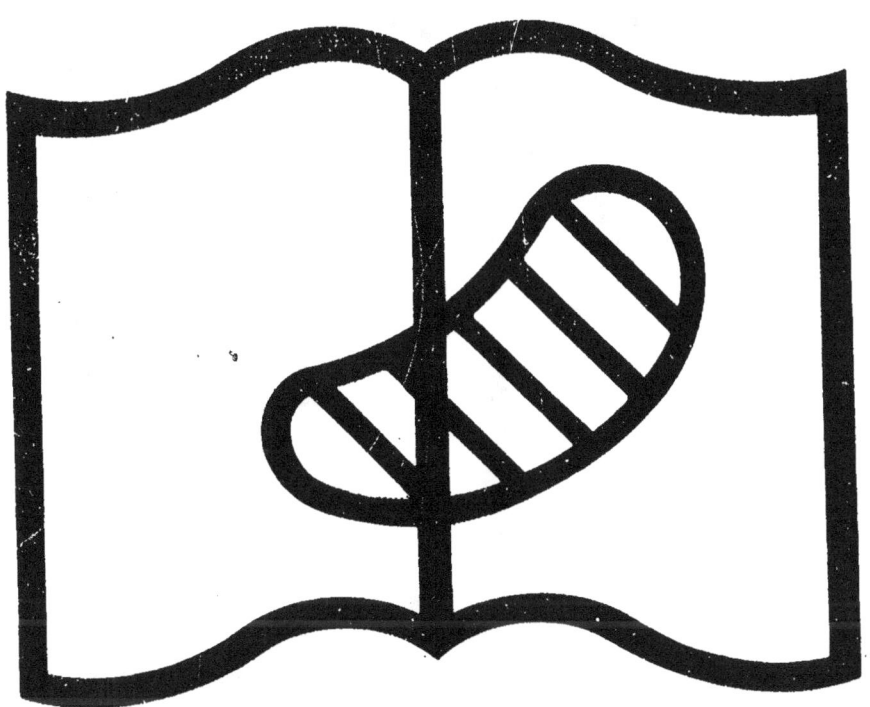

Original illisible

NF Z 43-120-10

**Symbole applicable
pour tout,ou partie
des documents microfilmés**

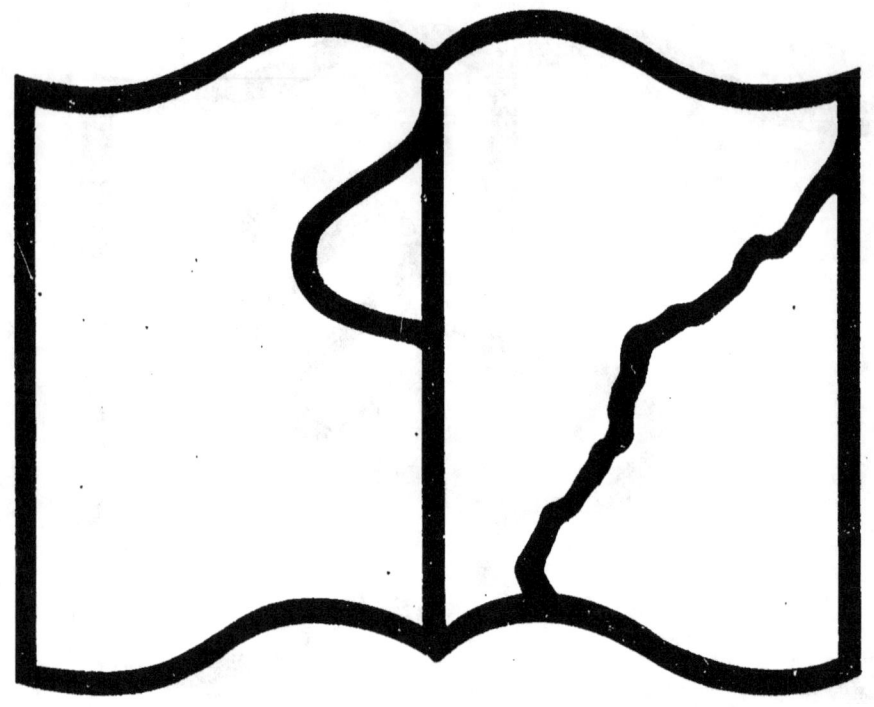

Texte détérioré — reliure défectueuse

NF Z 43-120-11

**Symbole applicable
pour tout, ou partie
des documents microfilmés**

Les Unions Chrétiennes dorment-elles ?
Comment les rendre conquérantes ?

Par M. Freddy DÜRRLEMAN

Rapport présenté
a la XIVe Conférence nationale
des Unions Chrétiennes de Jeunes Gens

Nancy, 1-4 Novembre 1906

———— •••• ————

Publication du Comité National

14, rue de Trévise — Paris

À LIRE

L'Espérance, *organe officiel de l'Alliance des Unions Chrétiennes de jeunes gens de France. — Revue mensuelle illustrée.*

Le seul journal français tenant ses lecteurs au courant de tout ce qui se fait dans les Unions et œuvres de jeunesse, tant en France qu'à l'étranger (éditions régionales). — Contient en supplément les notes sur les sujets d'études bibliques du Comité national.

Abonnement : France, 3 fr. Union postale, 3 fr. 50.

Demander au Comité National, 14, rue de Trévise, Paris, la liste envoyée gratuitement des ouvrages publiés sur les Unions Chrétiennes, brochures pour jeunes gens, etc.

Les Unions Chrétiennes dorment-elles ?
Comment les rendre conquérantes ?

Par M. Freddy DURRLEMAN

Rapport présenté
a la XIVᵉ Conférence nationale
des Unions Chrétiennes de Jeunes Gens

Nancy, 1-4 Novembre 1906

Publication du Comité National

14, rue de Trévise — Paris

LES UNIONS CHRÉTIENNES DORMENT-ELLES ?

COMMENT LES RENDRE CONQUÉRANTES ?

Les Unions Chrétiennes de Jeunes Gens de France dorment-elles ? Telle est la question qu'elles se posent elles-mêmes par l'organe de leur Comité National et de leur Conférence Nationale. Question pour le moins étrange, on l'avouera, et qui invite à une réponse dont la brièveté ne nuira en rien à la vérité et ne dissimulera pas la portée : pour que les Unions elles-mêmes se demandent si elles dorment, il faut, ne vous semble-t-il pas ? qu'elles aient singulièrement conscience de n'être pas précisément réveillées, mais aussi, tout d'un même temps, qu'elles aient le sentiment assez fort de n'être pas tout à fait endormies. Il ne faut être, en vérité, ni en état de veille, ni en état de sommeil pour se poser une pareille question, et la manière même dont les Unions se présentent à la consultation médicale que constitue pour elles une Conférence comme celle-ci, permet de diagnostiquer à coup sûr leur véritable situation : elles sont dans l'état de demi-veille et de demi-sommeil qui seul leur permet de se poser le point d'interrogation qui les inquiète. Elles ne sont pas réveillées, elles ne sont pas endormies, elles somnolent, elles s'assoupissent.

Cette réponse, exigée par la psychologie de la question posée, offre ce grand avantage de nous être fournie par les Unions elles-mêmes dont le sujet d'enquête constitue à lui seul un véritable témoignage sur elles-mêmes, et un témoignage d'autant plus précieux qu'il est plus indirect. Nous prenons au sérieux la constatation faite spontanément par les Unions. Nous pouvons donc nous dispenser de faire appel à d'autres témoignages, dont on pourrait récuser à plus ou moins bon droit la bienveillance, l'information et la justesse, et nous pouvons nous abstenir de la besogne ingrate et déprimante, le plus souvent d'ailleurs parfaitement inefficace, sinon funeste, de dresser un réquisitoire détaillé et violent pour prouver à nos Unions leurs lacunes et leurs erreurs.

Et ne croyez pas, Messieurs, que je me fasse illusion sur la gravité de la constatation à laquelle nous sommes amenés : rien n'est plus redoutable que cet état de somnolence qui fait involontairement penser à la solennelle apostrophe à l'Eglise de Laodicée : « Je connais tes œuvres. Je sais que tu n'es ni froid ni bouillant. Puisses-tu être froid ou bouillant, plutôt que tiède. »[1] Le fait même que le sujet de ce rapport a été mis à l'ordre du jour de cette Conférence Nationale indique assez que nos Unions passent à cette heure par une véritable crise : semblables au travailleur qui se rend compte que le sommeil le gagne et chez qui s'esquisse tout au moins une lutte pour le vaincre, nos Unions sont à ce moment précis et psychologiquement capital où la volonté est souveraine maîtresse des destinées et d'un avenir qu'elle fera fécond ou stérile selon qu'elle acquiescera mollement à la douce et facile somnolence ou réagira énergiquement contre elle en se décidant pour les viriles et rudes labeurs.

Il y a donc dans notre cœur, à l'égard des Unions Chrétiennes, un mélange d'appréhensions et d'espérances, et si nous n'étions pas directement intéressés dans la question, si nous pouvions regarder uniquement du dehors, nous nous tiendrions sur une prudente réserve expectative et ne ferions chorus à leur endroit ni avec les optimistes dont le contentement par trop vulgaire nous messied justement, ni avec les pessimistes dont les critiques nous paraissent par trop sans mesure comme sans bienveillance. Et nous pouvons d'autant moins nous associer aux *trop contents* ou aux *trop mécontents* que notre attitude veut être plus active que critique et que, dès lors, nous craignons autant l'une que l'autre ces deux manières de philosopher qui sont, selon le mot d'un homme d'action contemporain, « deux excuses contraires à

[1] Apocalypse III, v. 15.

une même paresse, deux bons prétextes pour ne rien faire. » Et nous ajoutons avec lui, pour bien indiquer dans quel esprit nous entreprenons ce rapport : « Fort au-dessus du pessimisme et de l'optimisme, il y a la philosophie de l'effort. Mettez tout au pis, si vous voulez, pour aujourd'hui, à condition de mettre tout au mieux pour demain. Cette doctrine-là, on l'a nommée le *méliorisme*. Nommez-la comme vous vous voudrez, mais pratiquez-la ! »[1]

Je me félicite, Messieurs, à la pensée que nous sommes tous venus ici dans ce sentiment et que nous sommes tous également persuadés que l'heure n'est ni aux louanges naïves, ni aux blâmes stériles, mais aux résolutions viriles pour une action à la fois plus haute, plus étendue et plus profonde, pour l'action décisive que réclament à la fois l'Eglise et la Démocratie, ou, comme disaient nos Pères, Dieu et la Patrie, c'est-à-dire, d'un seul mot, le Royaume de Dieu, à la préparation duquel la base de Paris vouait dès la première heure le mouvement unioniste naissant en lui assignant comme but suprême de « travailler à étendre, parmi les jeunes gens, le Règne du Maître. »

* * *

Messieurs, si nos Unions souffrent du malaise que nous venons de constater, il serait vain d'en cher-

---

[1] F. Buisson : *Le devoir présent de la jeunesse*, conférence faite le 10 mars 1899 au Collège des sciences sociales (*Revue Bleue*, 25 mars 1899).

cher la cause ailleurs que dans l'oubli momentané, nous aimons à le croire, mais presque général pourtant, de leur orientation normale. Elles ont été fondées pour étendre parmi la jeunesse masculine le Règne de notre Maître. Et pour qui a « des oreilles pour entendre », il n'est pas possible d'écouter cette formule d'une richesse incomparable sans une véritable émotion faite à la fois de noble fierté et de profonde humiliation. Non, en vérité, il n'est pas permis qu'avec un tel but devant elles nos Unions soient ce qu'elles sont. Dominée par l'idéal des prophètes, attelée à la besogne des apôtres, notre Alliance unioniste devrait être une vigoureuse Mission organisée par la jeunesse héritière de l'Evangile du Règne de Dieu à *l'autre jeunesse.* Or, Messieurs, nos Unions sont en train de s'assoupir parce qu'elles sont en train d'oublier qu'elles n'ont de raison d'être que dans l'action missionnaire. Et si vous voulez faire la preuve de cette affirmation, informez-vous et voyez si l'activité missionnaire ne constitue pas dans tous les cas le seul baromètre infaillible de la vie unioniste.

On voit donc combien il était psychologique de poser la question comme l'a fait le Comité National et de se demander : « Comment faire pour rendre nos Unions *conquérantes?* » après s'être demandé : « Dorment-elles ? »

***

Notre premier devoir, Messieurs, est de prendre

nettement conscience du but que doivent poursuivre nos Unions. Qu'ont-elles voulu être ? Que doivent-elles être ? C'est la question capitale à résoudre, celle d'où dépendent toutes les autres et sur laquelle il faut commencer par nous mettre d'accord si nous voulons entreprendre avec fruit une nouvelle période d'activité commune.

Que nous apprend donc l'histoire de nos Unions sur le sujet qui nous occupe? L'auteur du compte-rendu de la Conférence de 1855, probablement le regretté professeur Ed. Barde, de Genève, secrétaire de la Conférence, écrivait : « Tandis qu'au dehors on fêtait l'alliance guerrière de deux grands peuples, nous avons scellé la nôtre pour une conquête aussi, celle de notre jeune génération, et nous sommes certains qu'un jour nous vaincrons avec l'Eglise. Nous avons jeté (comment n'en pas rendre grâces à Dieu ?) la base d'une vaste association missionnaire au milieu de la chrétienté protestante..., d'une mission chrétienne au milieu des hommes, celle de la jeunesse de l'Eglise, celle de l'Eglise de l'avenir. »[1] M. Eug. Renevier, délégué de l'Union de Paris à la Conférence de 1855, disait dans son rapport sur les « Caractères généraux de l'œuvre » : « Nous devons concentrer nos efforts sur ces objets principaux : l'édification mutuelle et l'évangélisation des jeunes gens. »[2]

Vous voyez, Messieurs, que les fondateurs de l'Alliance universelle avaient très nettement assigné un

[1] *L'Espérance*, avril 1905, p. 49.
[2] *L'Espérance*, mars 1905, p. 41.

rôle missionnaire à nos Unions Chrétiennes. Cependant, il faut remarquer que presque partout celles-ci ont commencé par n'être guère que des associations pour l'édification mutuelle. « Les Unionistes de la première heure, dit quelque part M. Em. Sautter, comprenaient la valeur du témoignage chrétien individuel. Il faut cependant reconnaitre que les Unions Chrétiennes à l'origine ne s'étaient pas rendu compte de l'œuvre missionnaire qu'elles étaient appelées en tant qu'Associations à accomplir... L'action extérieure des Unions, signalée dans leurs rapports, consistait à coopérer aux Ecoles du Dimanche ou aux œuvres pastorales. »[1]

L'histoire des Unions Chrétiennes américaines est très suggestive à cet égard et sollicite notre attention, car cette histoire est l'histoire habituelle de presque toutes nos Associations :.

« Tout en affirmant son désir de voir s'étendre l'organisation des Unions Chrétiennes, la Convention de Buffalo restreignait, en une certaine mesure, leur activité en formulant le vœu qu'elles restassent des associations exclusivement religieuses, occupées principalement à développer les sentiments chrétiens de leurs membres. Cette conception de l'œuvre des Unions Chrétiennes prévalut jusqu'après la guerre de Sécession. Pendant cette période, il se fonda un grand nombre d'associations qui restèrent, en général, petites et faibles, ne groupant qu'une catégorie de jeunes gens et qui se réunissaient

[1] Em. Sautter : *Les Unions Chrétiennes de Jeunes Gens en France* (*Foi et Vie*, 1ᵉʳ janvier 1903, page 58).

presque uniquement pour lire la Bible, chanter des cantiques et prier. Elles avaient l'estime et la sympathie du public, mais leur action sociale était presque nulle.

» Cependant, parmi les hommes engagés dans l'œuvre des Y. M. C. A., il y en avait qui portaient leurs vues plus haut et plus loin et qui estimaient que ces associations devaient avoir l'ambition d'exercer une action sur toute la jeunesse des Etats-Unis, sans distinction de croyance ou d'Eglise, et de contribuer ainsi à la formation de citoyens utiles au pays. Ils ne songeaient pas à ébranler la base religieuse sur laquelle étaient fondées les Unions, mais au lieu de pousser les jeunes gens pieux qui les composaient à s'enfermer dans leurs locaux comme dans des forteresses, à l'abri des tentations du monde, ils désiraient qu'ils devinssent des appuis pour des jeunes gens faibles ou plus isolés qu'eux. Une œuvre DE jeunes gens POUR jeunes gens : tel était le résumé de leur programme. Ces idées triomphèrent en 1866... L'événement prouva combien la nouvelle conception de l'œuvre était juste. »[1]

« En France aussi, dit avec justesse M. Bellamy, elles [les Unions] étaient, à vrai dire, de petits cénacles fermés, composés de l'élite des jeunes gens de l'Eglise et poursuivant un but exclusivement religieux. Bientôt elles comprirent qu'elles avaient un rôle social à jouer : tout en restant chrétiennes, elles résolurent d'attirer à elles d'autres jeunes gens et

---

[1] Em. Sautter : *Une œuvre d'éducation morale aux Etats-Unis* (*La Réforme Sociale*, 16 nov. 1896).

de contribuer à leur développement intellectuel et physique, aussi bien que spirituel. »[1]

Ainsi donc, Messieurs, comme tout ce qui est vivant, les Unions Chrétiennes ont évolué ; et elles se sont développées dans la mesure où elles eurent le sens des besoins de la jeunesse ; nos prédécesseurs ne se sont pas sentis liés par la manière dont les premières Unions avaient conçu leur œuvre. Ils ont eu le sentiment que « les jeunes Unionistes réunis à Paris en 1855 étaient sans doute bien inexpérimentés ; [qu'] ils ne faisaient que pressentir obscurément encore l'œuvre qu'ils étaient appelés à édifier ; et [que] déjà d'ailleurs, malgré leur petit nombre, ils étaient certains qu'un jour, réalisant la promesse du Sauveur, ils verraient de plus grandes choses que celles-là. »[2]

Notre génération, à son tour, Messieurs, doit enrichir nos Unions en élargissant leur mission. L'Union Chrétienne, d'abord petit groupement de jeunes gens pieux *réunis* pour l'édification personnelle, a fait place à l'Union, association religieuse, morale, sociale, s'efforçant d'*attirer* à elle les jeunes gens indifférents pour les attirer à Christ ; il lui reste une troisième étape à franchir résolument : l'Union association pour la vie spirituelle, la réforme morale, l'éducation sociale, au nom du Christ, doit devenir une association véritablement missionnaire, n'essayant pas tant d'attirer chez elle que d'*aller vers* les

---

[1] Paul Bellamy : *Rapport sur les Unions Chrétiennes de Jeunes Gens et de Jeunes Filles,* présenté au Synode de Reims, ma. 1905.

[2] *L'Espérance,* avril 1905, p. 49.

autres pour les conquérir au Maître. Nos Unions doivent devenir dans toute la force du terme des Associations de jeunes gens pour l'évangélisation des jeunes gens.

Et il semble bien qu'il doive se faire de plus en plus en France accord complet sur ce point. M. Em. Sautter écrit : « A l'heure actuelle, le but des Unions Chrétiennes est très nettement défini et proclamé ; elles sont une œuvre d'évangélisation de la jeunesse masculine... »[1] « Les Unions constituent une spécialisation de l'œuvre générale de l'évangélisation. »[2] Un publiciste, dans une Revue, caractérise ainsi notre œuvre : « Une Union Chrétienne de jeunes gens est une société fondée sur les principes du christianisme et dont le but principal est le développement religieux du jeune homme, et, ce qui en est du reste le corollaire, l'extension du christianisme dans la société humaine. »[3] « L'Union Chrétienne, dit M. Bellamy, veut être et doit être avant tout une œuvre de mission intérieure parmi la jeunesse. »[4]

*
* *

Or, Messieurs, faisons-nous cette œuvre d'évangélisation de la jeunesse ? Non, Messieurs, il faut le reconnaître sans ambages, nous ne la faisons pas. Nos Unions sont aujourd'hui en danger parce qu'à

---

[1] *Foi et Vie*, op. cit., p. 59.
[2] Id., op. cit., p. 67.
[3] Nuwendam (*Fraternité-Revue*, 19-26 nov. 1905, p. 401).
[4] Op. cit., p. 9.

l'idéal vrai de l'*Union-Mission,* elles ont préféré l'idéal faux de l'*Union-Eglise.*

Et cela est si vrai, Messieurs, que telle ou telle page écrite il y a quinze ans pour faire saisir à nos Eglises leur devoir vis-à-vis de la jeunesse, pourrait être rééditée, sans qu'il soit besoin d'en changer un seul mot, comme un suprême appel à nos Unions en faveur de l'*autre jeunesse.* « En dehors de quelques efforts à peu près stériles — nous le disons *après enquête* — et toutefois bien admirables; à l'exception de quelques modestes œuvres le plus souvent créées *en dehors* des institutions [ecclésiastiques] unionistes... et quelquefois malgré elles, qu'y a-t-il de sérieux pour moraliser, évangéliser, gagner la jeunesse ? Par quelle propagande intelligente, active, par quels sacrifices réels de temps, de forces et d'argent, nos [Eglises] Unions cherchent-elles à conquérir le cœur et l'âme de la jeunesse, cette proie enviée que se disputent à l'heure actuelle tant de compétiteurs acharnés, tant de partis hostiles? Il y a... rien. »[1]

C'est que, Messieurs, nos Unions Chrétiennes se sont constituées en œuvres de *préservation* et de *conservation* et ont oublié d'être des œuvres de *relèvement* et de *conquête.* Elles ont placé leur idéal en elles-mêmes : destinées à grouper les jeunes gens chrétiens pour les former et les organiser pour l'action, elles ont fini par prendre le moyen pour le but; l'action PAR l'Union a été détrônée par l'action POUR

[1] Elie Gounelle : *Le devoir de l'Eglise envers la jeunesse (Revue du Christianisme pratique,* 1893, p. 148).

l'Union, l'Union-but a pris la place de l'Union-moyen, l'Union des jeunes pour les rudes labeurs de la Mission a été perdue par l'Union pour les doux et innocents plaisirs de la camaraderie ; on avait fondé *l'Union pour l'action,* on n'a bientôt plus guère réclamé que *l'action pour l'Union,* monopolisant ainsi au profit d'un petit groupe de jeunes gens inscrits dans une société l'action qui devait s'exercer par ce petit groupe lui-même au profit de l'immense foule anonyme de la jeunesse sans Christ.

Messieurs, prenons-y garde, l'histoire est là pour prouver qu'il n'y a pas de pire adversaire des progrès à réaliser que les institutions humaines établies à cet effet quand elles perdent le sens de leur mission. Nos Unions Chrétiennes de France sont incontestablement à un point tournant de leur histoire et le message le plus actuel et le plus salutaire que peut leur adresser de cette enceinte la Conférence de Nancy est certainement celui-ci : *Les Unions ont été faites pour la jeunesse, et non la jeunesse pour les Unions.*

Dans la mesure où les Unions sortiront décidément d'elles-mêmes pour reprendre conscience de soi et des autres, elles substitueront à l'idéal négatif qui est trop souvent, en pratique, le leur, un idéal positif. Elles abandonneront l'œuvre de conservation pour se vouer complètement à l'œuvre de conquête et elles feront la découverte que le seul moyen d'accomplir la première, c'est de donner tous ses soins à la seconde. Car, Messieurs, l'impuissance de la méthode unioniste actuelle se révèle précisément en ceci, c'est que nos Unions n'arrivent même pas à retenir dans leurs cadres toute la jeunesse de nos Eglises qui ne trouve trop souvent chez nous ni programmes entrainants, ni saints enthousiasmes, ni vastes ambitions religieuses, morales et sociales capables de gonfler leurs poitrines. En renonçant plus ou moins, dans la pratique, à l'action évangélisatrice et missionnaire que nous fixaient nos pères en élaborant la « Base de Paris » pour nous consacrer plus spécialement à la tâche préservatrice et conservatrice, nous avons anémié nos Unions et nous les avons rendues sans attraits pour ceux mêmes que nous croyions pouvoir mieux conserver ainsi. Nous avons trop longtemps méconnu, Messieurs, que « la jeunesse a soif d'action ; lui demander de chanter ou de réciter, de lire ou d'écouter, de jouer du violon ou de boire du thé, ce n'est pas satisfaire ses aspirations les plus profondes. Consciemment ou non, elle a besoin d'héroïsme ; elle veut se sacrifier pour quelque chose ; si on ne lui demande pas, hardiment, de s'immoler pour le bien, elle s'immolera pour le mal. Or, il y a un type de piété chrétienne qui est peu généreux et qui ne fait guère battre le cœur de la jeunesse : piété toute négative et qui consiste essentiellement à ne *pas* cesser de prier, à ne *pas* fréquenter les mauvaises compagnies, à ne *pas* oublier le chemin du temple. Si nous croyons qu'un pareil programme gonfle de vastes ambitions la poitrine de nos adolescents, nous nous trompons. Pour les retenir dans [l'Eglise] l'Union, il faut leur imposer de nobles responsabilités au nom de Jésus-Christ et dans l'espérance indéfectible de son triomphe ; il faut, en un mot, les mettre systématiquement à l'œuvre dans le service des corps souffrants et des âmes déchues ; et toute [Eglise] Union qui ne saurait pas comment employer ses jeunes gens est une [Eglise] Union qui ne mérite pas de les retenir. »[1]

*
* *

Mais, Messieurs les représentants des Unions Chrétiennes de Jeunes Gens de France, vous saurez *retenir* les jeunes gens dans vos Unions, car vous saurez — et ce n'est point un paradoxe — *les envoyer dehors* chercher et trouver ce qui est perdu.

Il est grand temps, Messieurs, — qui sait même s'il n'est pas déjà trop tard ? — d'accomplir le sauvetage de la jeunesse contemporaine. « Ceux qui travaillent au relèvement de la jeunesse ont des heures de désespoir. »[2] « C'est une chose triste à dire, écrit M. Wagner, plus j'ai parcouru ce monde particulier, plus je me suis convaincu du vide immense qui s'est creusé peu à peu dans l'âme populaire. Il y a des jours où ce qu'on voit et ce qu'on entend vous amène jusqu'à conclure qu'il n'y a plus rien. »[3] Et M. Quiévreux dit à ce propos : « Ceux qui s'occupent d'évangélisation dans les faubourgs des grandes villes peuvent, hélas ! rendre témoignage à la navrante vérité de cette conclusion. Nous arrivons

[1] Wilfred Monod : *Les réunions d'anciens catéchumènes* (Revue du Christianisme social, 1898, p. 284).

[2] Elie Gounelle : op. cit., p. 150, note 1.

[3] Ch. Wagner : *Jeunesse*, p. 145.

encore à atteindre quelques hommes et quelques femmes, mais sauf de rares exceptions, l'âme des jeunes gens nous est fermée, il semble parfois qu'elle soit morte. Ce serait à désespérer si nous n'avions confiance en la puissance de résurrection de notre Maître. »[1] Et ceux d'entre nous qui se sont spécialement occupés de l'évangélisation des milieux de jeunes intellectuels, des étudiants de nos villes universitaires, pourraient dire aussi ici avec émotion leur tristesse et leur désespérance.

Or, Messieurs, pour évangéliser les jeunes il faut des jeunes. Et c'est ce qu'ont admirablement compris les fondateurs des Unions Chrétiennes. Henri Gibout le dit avec raison : « Il n'y a que la jeunesse qui sache enthousiasmer la jeunesse. »[2]

Et ce mot, appliqué au problème qui nous tourmente, est plus profond qu'il ne paraît d'abord. Je ne sais si nous arriverons à enthousiasmer la jeunesse, mais ce que je sais, c'est que notre travail au milieu d'elle sera capable de rendre à nos Unions un peu de cet entrain, de cette joie, de cette flamme qui leur manque, hélas ! d'une façon presque générale. Messieurs, on va, selon le mot du professeur Bouglé, « vers la joie par l'action ». « Tâchez, si vous voulez conserver un cœur jeune et joyeux, d'être des énergies et non des inerties. »[3]

---

[1] A. Quiévreux : *La situation morale (Revue du Christianisme social,* 1892, p. 164).

[2] *Foi et Vie,* 16 mai 1903, p. 263.

[3] Bouglé : *Vie spirituelle et action sociale,* 1902, Cornély édit., p. 130.

.*.

La tâche, Messieurs, est aussi lourde qu'urgente. Comment y suffirons-nous?

« Nos Unions, disait M. Laget à la Conférence de 1855, sont nées du besoin de réagir contre l'isolement et l'inaction. » Pour l'action nécessaire à cette heure, nos Unions vont être amenées à réagir contre l'isolement et leur premier mot d'ordre devra être, croyons-nous : « *Avec les autres.* »

I

Avec les autres

1° Nous demandons d'abord *une nouvelle Alliance de nos Unions avec le Christ.*

Ce serait se méprendre bien singulièrement sur notre pensée que de s'imaginer qu'en poussant nos Unions vers l'action, nous cherchons à diminuer plus ou moins leur caractère nettement religieux et spécifiquement chrétien.

Aussi vain que généreux nous paraît, en effet, le sentiment de ceux qui pensent donner plus de portée à leur Union en la neutralisant.

Nous croyons la neutralité, c'est-à-dire l'effacement des convictions philosophiques et religieuses profondes, *psychologiquement impossible* dans toute œuvre d'éducation morale comme la nôtre. Qui pourra avoir une action réelle en voilant toujours les causes certaines de son action ?

Nous croyons la neutralité *pratiquement impossible :* quel sera le naïf qui croira à l'absence chez vous de toute préoccupation de prosélytisme ?

Nous croyons les Maisons d'éducation populaire qui prétendent à la neutralité, *sans portée, sans aucune valeur morale et sociale positive.* Des Maisons qui veulent être neutres, sont en réalité des Maisons où toutes les opinions *se neutralisent* et où toutes les individualités s'estompent jusqu'à disparaître. Elles ne formeront jamais des caractères et des personnalités ; elles ne sont pas propres à donner des orientations et à façonner des âmes. Elles sont *antipédagogiques* au premier chef et, sous prétexte de ne pas violer la liberté individuelle, elles l'empêchent même de naître ou l'étouffent, car il ne peut y avoir liberté qu'au sein d'un organisme formé et elles se refusent à en former. Ce ne sont pas chez elles que l'Humanité trouvera les directions qu'elle cherche : c'est l'anarchie des idées et des tendances recherchée en principe et dressée en système d'éducation. Les Maisons de la *neutralité* sont les Maisons de la *médiocrité*.

Aussi les croyons-nous, en réalité, *moralement et socialement dangereuses*. D'abord elles donnent aux âmes cette habitude du vague et du flou qui est une des marques de la dégénérescence et de la débilité mentales et qui est un des grands dangers de l'heure contemporaine, une des manifestations les plus ordinaires de cette maladie presque universelle de la volonté, l'aboulie, l'impossibilité de faire un choix, de prendre une décision. Elles contribuent par là à cette disparition des caractères vraiment trempés, solides et résistants qui sont, en même temps que l'honneur d'un peuple, sa force et sa garantie. Loin d'obliger à se décider, elles érigent l'indécision en loi et en tirent vanité. Fille et mère à la fois du scepticisme moderne, la neutralité est une dévoreuse d'individualité. Et, en réalité même, la neutralité ne pèche pas seulement négativement contre l'individualité en l'empêchant de naître ou en arrêtant son développement, mais positivement encore en la livrant pieds et poings liés au *matérialisme pratique* à qui appartient presque toujours en fait le dernier mot.

Enfin nous croyons qu'il sera toujours *moralement impossible* pour les élites de toutes les écoles philosophiques, sociales ou religieuses, de professer sans mentir contre le meilleur d'elles-mêmes le principe de la neutralité. Il y a pour toutes à la fois un devoir de *loyauté* vis-à-vis de leurs adversaires et un devoir de reconnaissance vis-à-vis de leur idéal respectif, à proclamer celui-ci tel qu'il est. Nous devons à ceux qui ne pensent pas comme nous la déclaration loyale et nette de nos principes et de nos opinions et c'est une des formes du respect de l'adversaire que de l'entretenir sans équivoque. Et c'est en même temps une marque de l'affection que nous lui devons de lui révéler tout notre propos.

Nous sommes trop convaincus, quant à nous, par une expérience personnelle profonde et par l'observation des individus et des collectivités, que nous avons trouvé dans le désert où marche péniblement la caravane humaine une oasis rafraîchissante et une source vive pour ne pas crier à ceux qui viennent derrière nous notre découverte jusqu'à ce qu'ils en aient profité.

Et d'un autre côté, nous aurions le sentiment de

faillir gravement contre notre idéal lui-même si, pour je ne sais quelle accommodation sans gloire comme sans résultat, nous estompions les principes que nous avons conquis à la sueur de notre front et souvent à la sueur de sang de notre cœur. Nous le respectons trop pour agir ainsi. Et quand nous songeons que nous sommes moins les adeptes d'une école, les propagandistes d'un système, les admirateurs d'une institution, que les amis enthousiastes d'un homme qui nous a conquis à la fois par son intelligence profonde du sens de la vie, par son cœur débordant de sympathie pour tout ce qui souffre et lutte, par sa volonté inlassablement orientée vers la justice et la sainteté, cette faute nous paraîtrait une impardonnable infidélité. Et plus encore, ce serait, à cette heure, à n'en pas douter, une inqualifiable lâcheté et une honteuse trahison : ce n'est pas au moment où toutes les puissances des bas instincts, des vices crapuleux ou raffinés, des égoïsmes affichés ou voilés, se coalisent pour attaquer le Christ comme l'Ennemi, que nous irons cacher que nous sommes ses amis qui voulons devenir dignes de Lui !

Ainsi donc, c'est pour nous une question de loyauté et d'amour pour nos adversaires, et une question de reconnaissance et de fidélité à notre Maître, que de ne point cacher, mais de déclarer ouvertement qu'Il est l'inspirateur de nos actions et de nos paroles, et que les modestes essais de réforme morale et sociale que nous tentons ici sont encore comme un écho — hélas ! bien affaibli — de sa voix fraternelle et une vibration de sa conscience sainte...

2° Nous demandons *une Alliance effective et pratique des Unions Chrétiennes de Jeunes Gens de France avec les autres œuvres de jeunesse chrétienne.*

Nous demandons l'organisation d'une Fédération nationale de toutes les œuvres de jeunesse chrétienne et partout où cela est possible, localement ou régionalement, la création de cette même Alliance. Il faut lier *la Gerbe* de toutes les juvéniles énergies chrétiennes, masculines et féminines, intellectuelles et manuelles, bourgeoises et ouvrières, pour les grands labeurs de l'action religieuse, morale et sociale.

Nous croyons que cela est indispensable si nous voulons que *l'autre jeunesse prenne conscience de notre existence.* Il faut que nous puissions opposer au Bloc de la jeunesse libre-penseuse et matérialiste et au Bloc de la jeunesse catholique superstitieuse, le Bloc de la jeunesse chrétienne ardemment attachée à l'Evangile. Notre tempérament individualiste et les nécessités pratiques de l'action, comme aussi les contingences historiques, nous ont éparpillés en une multitude de groupements divers poursuivant dans des milieux différents le même but de pénétration évangélique, et s'il y a là une source de force réelle, il ne faut pas se dissimuler qu'il y a là aussi une cause de non moins réelle faiblesse. Notre dispersion nous empêche de nous imposer à l'attention publique et, cependant, si nous voulons la conquérir ne faut-il pas commencer par la retenir? Or, Messieurs, « des groupements chrétiens de jeunes filles, de jeunes gens, d'étudiants, de lycéens, de cadets, si nombreux soient-ils, mais sans aucun rapport organique entre eux, qui agissent toujours isolément, chacun pour soi, ne peuvent aucunement prétendre représenter la jeunesse chrétienne. Dans ce cas, il y a tous les éléments d'une jeunesse chrétienne, il y a des associations particulières de jeunes chrétiens; il n'y a pas d'association générale de la jeunesse chrétienne, il n'y a pas de *Jeunesse Chrétienne.* »[1]

Et ceci nous amène à dire, Messieurs, que l'Alliance inter-unioniste que nous vous proposons répond à des besoins plus personnels encore : seule, nous semble-t-il, cette alliance permettra à *la jeunesse chrétienne elle-même de prendre conscience de soi*. Notre dispersion ne nous cache pas seulement aux autres, elle nous cache à nous-mêmes. Séparés déjà par la vie quotidienne, nous le sommes encore par nos associations chrétiennes. Nous nous ignorons; nous sommes incapables de nous compter; nous finissons par croire que nous ne sommes qu'une poignée dans chaque localité, alors que nous sommes au moins une brassée. S'isoler, c'est s'ignorer et tarir l'action dans sa source, car c'est se condamner à ne jamais la croire possible. S'associer, c'est s'ouvrir des horizons, c'est semer de l'action.

L'Alliance inter-unioniste nous semble, en effet, appelée à *étendre considérablement l'action exté-*

---

[1] Freddy Dürrleman : *La Gerbe, son esprit, sa méthode*, p. 10.

rieure de nos Unions. Si pour *l'action en profondeur* il faut continuer, Messieurs, à nous séparer pour des tâches distinctes, à obéir fidèlement dans notre activité religieuse à la grande loi de *spécialisation* qui régit de plus en plus tous les domaines de l'activité humaine, *l'action en étendue* ne nécessite-t-elle pas de son côté l'obéissance non moins fidèle au grand principe de la *coopération,* cette autre loi cardinale du travail ? « S'il est bon de multiplier les efforts contre les maux particuliers, il faut se souvenir en effet, remarque avec justesse G. Séailles, que la division du travail n'est efficace que par la divergence et l'organisation des efforts multiples. »[1] Or, Messieurs, fut-il jamais un moment où l'action en étendue fut aussi urgente qu'en ce temps? Il y a vraiment quelque chose de bien superficiel, malgré l'apparence, dans les objections de ceux qui protestent contre l'action en étendue au profit de l'action en profondeur. C'est méconnaître tout simplement la solidarité intime qui unit ces deux modes de l'action ; c'est ne pas se rendre compte qu'il y a à cette heure des milieux où l'action en profondeur est impossible de longtemps, parce qu'elle a été seule recherchée pendant de trop longues années. Ces deux modes de l'action sont comparables à deux voyageurs qui doivent faire route de compagnie et qui ne peuvent brûler l'étape l'un sans l'autre. Inutile à l'un de vouloir hâter le pas et devancer l'autre : à l'étape il faudra l'attendre. L'action en éten-

[1] Gabriel Séailles : *La coopération des idées et les universités populaires (Revue Bleue,* 12 août 1899, p. 197).

due est stérile sans l'action en profondeur et celle-ci est impossible sans celle-là.

Messieurs, nous voudrions tous pouvoir faire œuvre chrétienne profonde dans les cœurs et les consciences des jeunes par nos Unions. Mais prenons-y garde, l'heure n'est pas loin, du train dont vont les choses, où le recrutement des jeunes en qui agir profondément sera absolument impossible pour nous. Le nom du Christ a souvent été méprisé ; ce qui est plus grave, c'est qu'il commence à être ignoré à l'Université tout autant que dans les faubourgs de nos grandes cités industrielles. Il faudrait en ce moment que tous les jeunes, appartenant à nos Unions ou à des groupements similaires, unissent leur voix pour faire retentir dans un suprême appel à la jeunesse contemporaine le nom de notre Maître et pour lui crier d'un même cœur leur admiration émue et reconnaissante pour la physionomie splendide du Christ. Messieurs, notre voix est bien faible, si nous sommes seuls, pour dominer le tapage railleur de la foule ; mais qui sait si, unie à toutes les autres, elle n'aurait pas assez d'ampleur pour imposer le silence et faire applaudir le Christ ?

Je n'ai pas le temps de parler des campagnes morales, religieuses, sociales, qu'il y aurait avantage à pouvoir mener au nom de toute la jeunesse chrétienne.

Je crois par ailleurs que l'Alliance de la jeunesse chrétienne donnerait à la fois *plus de constance, de variété et de largeur de vue à notre action unioniste*. On verrait moins, me semble-t-il, nos Unions passer par ces hauts et ces bas, donner ce spectacle de l'activité par à-coups, si elles se solidarisaient avec les autres œuvres de jeunesse. Elles sont vraies des collectivités comme des individus, les paroles bibliques : « Il n'est pas bon que l'homme soit seul. »[1] « Deux valent mieux qu'un, car si l'un tombe l'autre le relève ; mais malheur à celui qui est seul et qui tombe sans avoir un second pour le relever. »[2] L'Union fatiguée et prête à s'endormir serait souvent stimulée par une séance de l'Association générale de la jeunesse chrétienne où elle trouverait aussi — et tout cela à charge de revanche naturellement — l'aide et les concours qui lui font momentanément défaut, et des vœux comme celui de M. Edouard Soulier[3] demandant des commissaires-femmes pour les Sections cadettes de garçons seraient exaucés de la meilleure grâce et de la manière la plus facile. L'Association générale sera bientôt un moyen de saintes et fécondes rivalités, un puissant stimulant.

Plus constante, l'action sera aussi plus variée. M. Sautter constatait récemment « combien d'Unions souffrent et périclitent parce que leurs membres actifs manquent d'idées et ne savent que suivre un programme éternellement le même qui oscille entre la classique réunion d'études bibliques aux allures un peu surannées et la non moins classique « soirée

---

[1] Genèse 2 : 18.
[2] Ecclés. 4 : 9, 10.
[3] Edouard Soulier : *Le rôle des femmes dans les Sections cadettes (L'Espérance,* juillet 1905).

familière » où la franche gaité n'a cessé de régner. »[1]
Pour se préserver de cet « enlisement qui est un grand danger », M. Sautter préconise pour les Unions de notre pays la participation effective à la Conférence nationale : « Il faut se rencontrer, échanger des idées, mettre en commun ses expériences, ses succès comme ses échecs. »[2] Et bien, dirons-nous, l'Association générale de la jeunesse chrétienne d'une localité donnée jouera vis-à-vis des Unions et de toutes les autres œuvres associées le rôle que doit jouer, au dire de M. Sautter, la Conférence nationale vis-à-vis des Unions représentées. Elle sera elle-même une Conférence locale permanente. L'Union suggèrera à ses compagnes, qui lui rendront d'ailleurs la pareille, tel et tel projet qu'elle ne peut réaliser elle-même.

Et mieux que tout cela, nos Unions élargiraient leurs horizons dans cet échange de relations constant avec les autres œuvres. Elles apprendraient à avoir peur des programmes morcelés, à comprendre le danger qu'elles courent à ne jamais lever les yeux plus haut que leur besogne spéciale pour les porter sur la grande mission commune. Du contact avec tous ceux qui se dépensent pour le même but, elles apprendraient à apprécier leur labeur à sa juste valeur et seraient inévitablement gardées, en se rendant compte de la place qu'occupe au sein de l'activité générale leur activité particulière, de ces deux

---

[1] Em. Sautter : *L'Espérance,* oct. 1906, p. 145.
[2] Em. Sautter : *L'Espérance,* oct. 1906, p. 145.

travers contradictoires, mais également néfastes dans l'action, de l'estimer ou trop ou trop peu.

L'Alliance inter-unioniste nous permettrait également d'échapper à certaines critiques qui nous sont faites avec persistance depuis quelque temps, et, il faut bien le reconnaître, non sans raison souvent, et nous permettrait de faire face à certaines obligations qui, pour être récentes, n'en sont pas moins fort respectables.

Grâce à cette Alliance, nos Unions *éviteraient de devenir des associations de classe,* ce qui est un des grands dangers qu'elles courent actuellement. On a pu dire qu' « un des caractères de l'œuvre unioniste en France c'est qu'elle réalise en une large mesure la fusion des classes... Dans une même Union, des jeunes gens bien différents par leur vie, leur instruction, leurs occupations, leur condition sociale, se trouvent mélangés, confondus, travaillent côte à côte. »[1] Est-on bien sûr que cette description, qui répondait jadis à la réalité, ne la trahisse pas aujourd'hui et ne tende pas à devenir de moins en moins exacte? L'idéal social de nos Unions Chrétiennes est constamment, et de plus en plus, battu en brèche par les faits. On peut le déplorer ou s'en féliciter, mais ce qui est certain, c'est que les milieux unionistes semblent obéir dans leur évolution à une loi toute opposée au grand principe évolutif du passage de l'homogénéité à l'hétérogénéité et devenir, en vieillissant, infiniment plus homogènes et uniformes. En

[1] Em. Sautter : *Les Unions Chrétiennes de Jeunes Gens en France (Foi et Vie,* 1ᵉʳ février 1903, p. 67).

réalité, nos Unions groupent de moins en moins, à part quelques notables exceptions dues soit aux individualités elles-mêmes, soit aux milieux, les jeunes gens appartenant à la classe dite dirigeante, pas plus que, fait notable à signaler, les jeunes gens de la classe ouvrière. Elles se recrutent surtout dans les classes intermédiaires, au sein de la petite bourgeoisie, parmi les travailleurs jouissant déjà de certaines aises, notamment parmi les employés et les bureaucrates.

Il y a à cela des causes multiples qu'il serait fort intéressant de signaler et dont l'étude, qui déborde le cadre de notre travail, nous amènerait peut-être à conclure qu'il est vain de chercher à réunir dans une association qui vise avant tout un but pédagogique soit auprès de ses membres, soit auprès du public, des éléments trop disparates au point de vue du développement, des connaissances et des besoins intellectuels, et que c'est tout simplement vouloir faire de la pédagogie en méconnaissant le grand principe pédagogique de la division en classes, en séries correspondant au niveau de chacun. Nous serions ainsi amenés à reconnaître que les Unions sont victimes en ce moment du principe qu'elles ont contribué à mettre en évidence plus que toute autre œuvre d'évangélisation et qui les a fondées, le principe de *la spécialisation en évangélisation.* Appliqué consciemment par les Unionistes, il a donné naissance à des associations nouvelles : associations chrétiennes d'étudiants, cercles ouvriers, etc... et respecté inconsciemment par les autres, il explique l'éloignement de la jeunesse contemporaine pour des sociétés qui voulant grouper tout le monde sont incapables de préciser leur programme et leurs méthodes et de s'adapter avec soin, et risquent de finir par ne plus grouper personne.

Or, Messieurs, si la fidélité à notre méthode nous commande d'encourager les catégories spéciales de jeunes gens à se grouper en associations autonomes à côté de nos Unions, la fidélité à notre idéal nous ordonne de parer au danger immédiat de constituer des associations rivales qui, fondées sur des différences d'éducation et surtout d'instruction, c'est-à-dire en réalité sur des différences de fortune, — car nul n'ignore que l'instruction intégrale est encore à cette heure, en France, un privilège de classe, — contribueraient pour leur grande part à répartir notre jeunesse chrétienne en associations de classe.

L'Alliance inter-unioniste nous permettra d'éviter ce grand danger : elle laissera *autonomes* ces groupements divers, mais les constituera *solidaires*. L'auteur que nous citions tout à l'heure semble remarquer que ce sont surtout les Congrès nationaux qui donnent l'impression que les Unions tendent à réaliser la fusion des classes : « Les Unions, dit-il, suivant les milieux où elles fonctionnent, s'adressent à des catégories très différentes de jeunes gens et lorsque, dans des Congrès comme celui de Paris, les Unionistes accourent des quatre coins de l'horizon, on voit rassemblés pour la même œuvre et avec les mêmes préoccupations, des cultivateurs, des ouvriers, des employés, des patrons, des intellectuels, etc... » [1] Eh bien, lui dirons-nous, encore ici les séances de l'Alliance inter-unioniste locale ou régionale réaliseront en permanence, pour les associations les plus diverses d'une même localité ou d'une même région, ce que réalise pour les Unions d'un même pays la Conférence nationale. Elle fera sentir à tous la réalité des liens qui les unissent et les unira effectivement pour l'action qui pourra être d'autant plus féconde qu'elle sera plus méthodique et plus diversifiée.

D'un exemple je voudrais faire comprendre toute ma pensée : nos Unions françaises se sont aperçues depuis longtemps du grand devoir qu'il y avait de s'adresser directement aux étudiants de nos Universités et ce sera leur honneur d'avoir pris l'initiative de la création d'*Associations chrétiennes d'étudiants*, puis de *la Fédération française des Etudiants chrétiens*, organes destinés à répondre aux besoins spéciaux de cette classe de jeunes gens. Or, Messieurs, nous nous rendons tous compte de la perte que feraient nos Unions si la jeunesse universitaire les abandonnait pour leurs groupements particuliers. Et de ce qui n'est qu'un des côtés de ce redoutable et si complexe problème des rapports des Associations chrétiennes d'étudiants avec les Unions Chrétiennes, je ne veux effleurer qu'un point. Nous gémissons souvent du peu de retentissement de nos Unions; elles sont généralement ignorées du public. Elles le seront encore bien davantage le jour où les jeunes

---

[1] Em. Sautter (*Foi et Vie*, op. cit.).

intellectuels, les dirigeants de demain, auront désappris le chemin de nos locaux. Et il y a quelque chose de très juste dans la remarque de M. Geisendorf quand il écrit : « Ce qu'il arrive pour beaucoup de ceux dont nous voyons les noms en vedette, les Sangnier, les Lerolle, les G. Goyau du côté catholique, les Béret, les Bouchor, les G. Trarieux du côté laïque, c'est que ces jeunes-là possèdent, de par leurs familles et leur éducation, des ressources et des loisirs qui font défaut à la majorité de nos Unionistes commerçants ou campagnards. Ah! si nos jeunes *aristos* protestants, si tous nos fils de famille voulaient bien, au lieu de faire de l'automobile, du *turf* ou de la littérature, s'occuper un peu du rôle social de nos Unions, nous verrions aussi notre œuvre grandir comme le *Sillon* ou les *Jeunesses laïques*. »[1]

Il y a, Messieurs, de jeunes *aristos* protestants qui risquent d'être éloignés de l'Union non par leurs élégantes distractions, mais par leurs études qui les mettront en relation, non plus avec les Unionistes, mais uniquement avec les membres de l'Association chrétienne d'étudiants. Ne faut-il donc pas trouver un moyen de ménager des rencontres entre Associations d'étudiants et Unions Chrétiennes, où ces étudiants bien intentionnés feront connaissance avec nos Unions ou continueront leurs relations avec elles et apprendront à aimer une œuvre qui poursuit dans un autre milieu et avec les mêmes méthodes le même but que leur Association, et dont ils seront

[1] Geisendorf *(L'Espérance,* avril 1905, p. 57).

heureux de seconder plus tard les efforts dans la petite ville où ils ne seront plus étudiants, mais où ils seront jeunes hommes prêts à faire profiter l'Union de ce qu'ils auront appris à l'Association? Et quel autre moyen, Messieurs, que l'Alliance inter-unioniste ?

Mais il faut faire un pas de plus : l'expérience montre, en effet, que « si l'on veut qu'il y ait un courant d'idées saines et de morale élevée entre les étudiants, il importe de ne pas attendre pour l'établir que ceux-ci soient entrés aux Facultés, qu'ils y aient déjà pris position, les uns dans les retranchements du travail, les autres sous la tente du plaisir. Car alors il est trop tard, le divorce est prononcé. Qu'on s'avise donc bien plutôt de créer ce courant dès le lycée ou le collège. Le lycée ou le collège forment d'excellents camarades ; ils ne sont point encore spécialement organisés pour développer des *amitiés,* ou du moins pour faire des amitiés solides, de celles qui ne doivent pas se rompre après la rhétorique et la philosophie. Comment fonder dans l'école même et avec fruit « des Associations amicales de *futurs* étudiants? » Le problème est ardu, mais la solution s'impose. » [1]

Et ce problème, Messieurs, inquiète depuis quelque temps déjà la Fédération française des Etudiants Chrétiens. Nous commençons à être plusieurs à avoir l'obsession de ces 59.398 lycéens, de ces 33.707 collégiens, c'est-à-dire de ces 93.105 futurs étudiants

[1] Henri Gibout : *La jeunesse des écoles entre le travail et le plaisir* (*Foi et Vie*, 10 mai 1903, p. 263).

qui peuplaient au 15 octobre dernier les établissements secondaires de l'Etat.[1] Nous comprenons, en particulier, qu'il y aurait une œuvre urgente et de haute portée à accomplir parmi les élèves des classes supérieures. L'avenir de la Fédération des Etudiants Chrétiens est dans nos lycées et nos collèges. C'est là qu'elle est appelée à porter ses efforts les plus énergiques. L'avenir aussi de nos Eglises et de notre société elle-même est en grande partie dans le cœur et le cerveau de ces jeunes universitaires. « Ce sont ces avocats, ces professeurs, ces ingénieurs, ces docteurs, ces commerçants en herbe... qu'il faut entraîner derrière le Christ. C'est dans leur poitrine et sous leur crâne que s'agitent déjà et se dessinent les destinées mystérieuses de l'Evangile... Ils seront pour Lui... ou ils seront contre Lui... Et de leur attitude dépendra pour une part immense celle du siècle qui s'ouvre...

« Grande est la méprise de ceux qui s'imaginent que c'est plus tard, à l'Université, loin de l'influence familiale, que naissent généralement les grandes crises de la vie religieuse et morale. *C'est souvent à l'Université qu'elles se dénouent, mais c'est presque toujours dans les classes supérieures du lycée qu'elles se nouent.* Il n'y a pas de génération spontanée : la négation théorique (incroyance) et pratique (inconduite) de la vie de l'esprit par l'étudiant a ses racines dans le cœur du lycéen... Et réciproquement aussi, les apostolats généreux qui commencent à

---

[1] *Le Matin,* dimanche 21 octobre 1906.

vingt-cinq ans réalisent simplement, la plupart du temps, les rêves qui ont enchanté des âmes de quinze ans. »[1]

Mais, Messieurs, ces âmes de quinze ans, jusqu'à maintenant, elles s'épanouissaient à l'Union Chrétienne. Si nous obéissons aux nécessités de l'expérience et si nous organisons des groupes de lycéens chrétiens, n'allons-nous pas aller bientôt à la disparition par émiettement de nos Unions ? Ici encore nous ne voyons qu'une réponse possible : prévenez les dangers de la séparation en organisant la solidarité par la création de l'Alliance inter-unioniste locale qui maintiendra le groupe de lycéens dans le rayonnement de l'Union. Et par ailleurs, que les Unions ne se désintéressent pas de cette campagne auprès des lycéens. Grâce à l'Alliance inter-unioniste que nous rêvons, qu'elles combinent leur action avec celle de la Fédération des Etudiants Chrétiens pour aboutir au maximum de résultats. Les Unions et les Associations d'étudiants séparées risquent d'être également impuissantes dans cette tâche : les étudiants, il est vrai, auront beaucoup plus de facilité, grâce au prestige dont ils jouissent vis-à-vis des futurs étudiants, pour grouper les lycéens ; mais, par contre, seuls les unionistes seront à même de patronner pratiquement ce groupe de lycéens, de l'abriter, de le conseiller, séparé qu'il sera souvent par des centaines de kilomètres du groupe d'étudiants le plus proche, qui ne pourra par consé-

[1] Freddy Dürrleman (*La Gerbe*, juin 1906, p. 42, 43).

quent que bien rarement le visiter. Et l'on saisit ici sur le vif l'avantage qu'il y a, pour une action méthodique, à l'Alliance inter-unioniste.

Cette Alliance — cette Gerbe — corrigera d'autres regrettables effets produits toujours par cette loi féconde et dangereuse à la fois de la spécialisation à laquelle obéissent nos Unions. Ce n'est relativement que depuis peu que les Unions ont été amenées à se diviser en divers groupements correspondant à des besoins spéciaux ; mais c'est depuis l'origine qu'elles ont divisé la jeunesse chrétienne en deux grands groupements séparés : *la Jeunesse masculine* et *la Jeunesse féminine*.

Or, Messieurs, nous avons devant nous « un idéal en transformation, dont les traits peu à peu se déploient, comme les ailes du papillon se dégagent de la chrysalide... ; de nouvelles et plus hautes conceptions de l'amour, de l'amitié, de la collaboration, de la fraternité entre les sexes ; des associations d'âme et d'esprit fécondes pour le bien, génératrices d'énergie, adéquates aux tâches les plus urgentes du progrès... ; il s'y élabore de la vie, du travail, des programmes d'action sociale, de nouvelles forces et des espérances nouvelles. C'est un milieu tout entier en formation dont l'influence va s'exercer, déterminante, sur le développement des hommes et des femmes, en modifiant profondément leur mentalité. »[1]

Et cette influence s'exercera aussi inévitablement,

---

[1] Mme E. Picczinska, *La Fraternité entre les sexes*, p. 6, 7.

Messieurs, sur nos Unions Chrétiennes. Le moment vient, et il est déjà venu, où les plus avancés reprocheront à nos Unions cette séparation des sexes comme une anomalie qui aura contribué pour sa part à exaspérer cette hantise passionnelle dont souffre la jeunesse moderne au sein même de l'Eglise. Et il y a quelques jours à peine, l'organe mensuel des Sociétés méthodistes françaises d'Activité chrétienne établissait un parallèle entre les séances mixtes des Activités et les séances séparées des Unions qui mettait en saillie la supériorité réelle des Activités grâce à leur caractère mixte.[1] La conclusion qui s'impose déjà à quelques-uns, c'est la nécessité de remplacer les Unions, qui ont fait leur temps, par les Activités qui répondent davantage à notre idéal moderne. « Il est étrange, dit-on, que pour préserver la jeunesse des deux sexes des souillures du monde, des Eglises veuillent encore les séparer, les parquer à part, dans des réunions spéciales, sans qu'il y ait jamais entre eux le moindre rapport. »[2]

Pour notre part, nous croyons injustifiée, et pour toutes sortes de raisons que nous verrons plus loin, la conclusion qu'on voudrait nous imposer. Nous croyons qu'il est indispensable, pour faire une œuvre profonde, de continuer à séparer les sexes, et nous croyons qu'il y avait quelque chose de très juste dans la préoccupation de les grouper à part qui a donné naissance à nos Unions de jeunes gens et à

[1] Ed. Gounelle : *la Fraternité intersexuelle* (*Le Lien*, 12 octobre 1906).

[2] Ed. Gounelle : op. cit.

nos Unions de jeunes filles. Mais nous croyons aussi que nos Unions ne doivent pas se fermer à l'idéal nouveau et qu'elles doivent obéir avec joie à cette obligation, mise si nettement en lumière ces derniers temps, d'un ferme propos de fraternité entre les sexes. « Sous son égide deviennent possibles, en effet, d'honnêtes et multiples rapports, de collaborations de tout genre, pour l'étude, pour l'action sociale, pour toute l'œuvre de sauvetage du monde, et ce grand champ de moissons « où il y a peu d'ouvriers » voit tout à coup affluer les travailleurs. Lorsque les deux sexes s'y consacrent ensemble, l'activité ne redouble pas seulement, elle devient plus vivante, plus efficace, plus pratique aussi. Partout où l'on a pu en tenter l'expérience, on le remarque et l'on fait avec surprise cette grande découverte... que les hommes et les femmes se complètent et que leurs deux génies distincts et apparentés sont faits pour s'entr'aider. Oui, s'entr'aider en tout et non seulement par la *division* du travail, mais par la *communauté* du travail, s'entr'aider dans les besognes manuelles, et dans les besognes studieuses, et dans les entreprises sociales, et dans toute la marche en avant, dans le domaine économique, et social, et spirituel, dans celui des lumières et d'un gouvernement juste, et des lois et de l'éducation, et des lettres et des arts, dans tout le domaine en un mot de ce qui est utile, nécessaire, salutaire, domaine dont rien, en vérité, ne doit se soustraire à leur collaboration. »[1]

[1] Mme E. Pieczinska, op. cit., p. 6, 7.

Sans rien abandonner de leur autonomie, sans rien sacrifier de leur tâche spéciale, les Unions Chrétiennes de Jeunes Gens peuvent satisfaire à ces nobles paroles, et, « conscientes de nouveaux écueils, des réactions à prévoir, des conflits et des souffrances d'une transition, des problèmes d'adaptation difficile, requérant un surplus de sagesse et de vigilance... », [1] prendre l'initiative d'organiser en France la collaboration chrétienne de la jeunesse masculine et féminine. Ici encore notre vœu d'Alliance interunioniste nous semble répondre parfaitement aux besoins actuels.

Ne nous permet-il pas aussi du même coup d'offrir en une certaine mesure satisfaction à cette autre légitime souci des dangers que fait courir à *la vie de famille* la multiplicité si diversifiée de nos œuvres morales et religieuses. « Ce qu'on peut regretter, dit Mme William Monod, sans trop savoir comment y porter remède, c'est que la spécialisation à outrance tende à envahir même les meilleures institutions. En s'occupant de pourvoir aux besoins les plus élevés de chaque membre de la famille pris isolément, on court le risque de favoriser une fâcheuse désagrégation. Réunions d'hommes, sociétés de mères de famille, Unions de jeunes gens, Unions de jeunes filles, Sections cadettes, chacun est attiré d'un côté différent aux heures où ses occupations le lâchent. Quand donc réussira-t-on à grouper pendant leurs loisirs tous les éléments de la famille, en la considé-

---

[1] Mme E. Pieczinska, op. cit., p. 10, 11.

rant non pas comme une sorte de colonie de madrépores, mais comme un être unique, doué d'organes indispensables les uns aux autres. »[1]

La Gerbe, Messieurs, serait déjà un premier pas vers le but, en permettant le groupement de la plupart des éléments de la famille.

Mais il y a une considération plus pratique encore que celle-là. Nous avons le sentiment que *l'avenir du Secrétariat général* de l'Union Chrétienne est dans une grande mesure lié au succès du vœu que nous vous proposons. Il est facile de se rendre compte que le Secrétariat général conçu comme une charge exercée exclusivement au profit de l'Union Chrétienne de jeunes gens limite singulièrement le nombre de Secrétaires généraux possibles en France. Il n'y a pas beaucoup d'Unions qui puissent se payer ce luxe, et on ne peut guère prévoir plus de Secrétaires généraux que de groupes régionaux d'Unions, ce qui serait d'ailleurs déjà un assez beau résultat. Par contre il y aurait, peut-être, pensons-nous, plus d'une ville où l'utilité d'un Secrétaire général, contestée si celui-ci ne devait être attaché qu'à l'Union Chrétienne, serait assez vite reconnue si le Secrétaire général devait être le centre de rayonnement de toutes les œuvres de jeunesse de la localité. Et je n'ai pas besoin d'insister sur l'enrichissement du ministère unioniste conçu de cette manière, ce qui est aussi à considérer pour l'avenir du recrutement de cet état-major de la jeunesse chrétienne.

[1] Mme William Monod : *La Famille et les Unions Chrétiennes* (*La Femme,* 1ᵉʳ mai 1903, p. 69).

Enfin cette Alliance inter-unioniste permettrait aux Unions Chrétiennes de *nouer des relations fécondes avec toutes les œuvres similaires,* qui ne sont point le résultat d'une spécialisation de l'activité unioniste, mais qui poursuivent le même but avec des principes et des méthodes parfois un peu différents, et qui sont connues sous le nom d'*Associations de Jeunes Gens.*

Quels rapports établir avec ces œuvres? On peut répondre de trois manières :

1° *Fusion pure et simple.* Mais les Associations ne peuvent accepter cette solution; elles se refusent à reconnaitre les trois principes qui sont à la base des Unions Chrétiennes :

— le principe *dogmatique,* — confession de foi dite orthodoxe — auquel elles reprochent de ne pas laisser à l'œuvre une assez grande largeur théologique;

— le principe *ecclésiastique* de l'alliance évangélique, inapplicable, disent-elles, dans certains cas;

— « le principe *pédagogique* de la distinction des membres actifs et des membres associés qui soulève des difficultés soit de fait, là où les conditions statutairement requises pour être réputé membre actif ne sont remplies par aucun des jeunes gens constituant l'Association, soit de droit, là où l'on estime que la distinction doit se faire d'elle-même, mais ne doit pas devenir l'objet et le principe d'une classification qui pourrait écarter bon nombre de jeunes amis encore trop peu avancés pour la comprendre »[1], ou

[1] E. Néel : *Unions et Associations* (*L'Espérance,* mars 1902, p. 33, cf. avril 1902).

bien là où l'on estime que la distinction doit être faite non sur le chapitre de la croyance, mais sur celui de la conduite et de l'action ;

2° *Séparation absolue,* telle est l'autre solution extrême ; mais elle est contraire à tous les besoins d'union du moment ;

3° *Fédération ou mieux solidarisation dans la liberté.* Tant que les principes des Unions, d'une part, et ceux des Associations, d'autre part, resteront ce qu'ils sont, cette solution nous parait la seule qui sauvegarde à la fois la dignité et la liberté des Associations et des Unions. Nous ne demandons pas aux Associations d'entrer dans l'Alliance unioniste, — ce que les Unions pour sauvegarder leurs principes ne pourraient admettre qu'en limitant les prérogatives de ces Associations qui ne jouiraient pas de tous les droits des Unions elles-mêmes et ne pourraient entrer dans notre Alliance qu'au bénéfice de la distinction entre membres actifs et membres associés qu'elles récusent par ailleurs et qui est, dans bien des cas, une des raisons pour lesquelles ces Associations n'ont pas adhéré d'emblée à notre Alliance, — ni aux Unions de se fondre avec les Associations. Nous demandons, à la fois aux Associations et aux Unions, de fonder l'Alliance inter-unioniste où elles solidariseront, dans des conditions à déterminer, leur action dans le plein respect de ce qui les sépare.

Nous en avons assez dit, nous semble-t-il, pour montrer l'importance capitale dans les circonstances présentes de cette Alliance inter-unioniste — de cette *Gerbe* — dont ce serait l'honneur de nos Unions de prendre l'initiative, et dont on peut résumer en quelques mots le programme d'ailleurs susceptible d'être amplifié ou diminué à l'usage de la jeunesse chrétienne locale ou régionale : « Programme commun, Etude commune, Action commune, Assemblées communes, Fête commune, Caisse commune, Maison commune, Comité général commun, Secrétariat général commun, Revue commune, pour réaliser au sein de la jeunesse chrétienne; aux groupements toujours autonomes, mais désormais solidaires, " un même sentiment, un même amour, une même âme, une même pensée "[1]. »[2]

***

3° Nous demandons une *Alliance réelle des Unions avec les Eglises*.

C'est là, je le sais, une question délicate, mais de la plus haute importance à l'heure actuelle, que la Séparation des Eglises et de l'Etat pose à nouveau en créant de nouveaux devoirs aux Eglises et en indiquant aussi aux Unions de nouveaux devoirs vis-à-vis des Eglises.

Il court, Messieurs, dans certains milieux, d'assez vilains bruits à notre égard... On nous reproche de pomper les forces vives des Eglises et de détacher peu à peu la jeunesse des Eglises..., reproche grave, Messieurs, encore qu'on puisse parfois répondre que

[1] Phil. 2 : 2.
[2] Freddy Dürrleman : *La Gerbe*, op. cit., p. 15.

ce serait peut-être un juste retour des choses et que les Eglises qui ont si longtemps méconnu la Jeunesse sont peut-être mal venues de se plaindre d'être méconnues par elle. Je veux bien, Messieurs, mais n'empêche qu'il y aurait un grave danger pour les Unions à mériter un tel reproche.

Et ici parlons un peu principes. Certes, c'est un des traits caractéristiques — et des meilleurs — de nos Unions, d'être des associations essentiellement laïques. Oui, Messieurs, qu'elles soient laïques, toujours plus laïques, mais qu'elles ne soient pas, comment dirai-je ? *antipastorales !* Nos Unions se félicitent — et elles ont infiniment raison — d'être des associations inter-confessionnelles et inter-ecclésiastiques. Qu'elles le soient de mieux en mieux, mais, de grâce, qu'elles ne soient pas anti-confessionnelles et anti-ecclésiastiques. Messieurs, le devoir ecclésiastique qui s'impose à tout homme chrétien n'est pas supprimé par le devoir inter-ecclésiastique qui s'impose à tout unioniste, et réciproquement.

Et ce que je dis là ne doit pas être nouveau pour nous. C'est le Comité National lui-même qui disait aux membres actifs de nos associations, dans sa circulaire de janvier dernier : « Nos associations ont toujours manifesté un étroit attachement pour les Eglises évangéliques. Elles ont constamment déclaré, par l'organe de leurs Conférences régionales ou nationales, que *tout membre actif d'une Union devait être un membre zélé de l'Eglise de son choix et collaborer fidèlement à l'œuvre qu'elle poursuit.* Elles ont proclamé le droit et le devoir, pour les laïques, de participer à tout ce qui se fait pour maintenir et propager l'Evangile de Jésus-Christ. Nous croyons pouvoir dire que ces principes ont reçu dans nos Unions de fécondes applications et que nombreuses sont les Eglises dont les meilleurs membres sont des Unionistes..... [Il] Le membre actif doit être en un mot *un collaborateur infatigable de son pasteur.* »

Nous applaudissons, Messieurs, à ces paroles, persuadés que, si elles sont prises en considération par chacun, elles aideront nos Unions à redevenir conquérantes et elles les empêcheront peut-être de se voir peu à peu privées de la sympathie des Eglises au profit des Sociétés d'activité chrétienne.

Et ceci m'amène à dire un mot de ce problème, délicat et actuel, des rapports entre Unions Chrétiennes et Sociétés d'activité chrétienne. Loin de faire double emploi, ces deux organismes nous paraissent devoir s'imposer de plus en plus, tous deux ensemble, à notre protestantisme français, et il se pourrait que le mouvement unioniste trouve dans le mouvement activiste la solution de la question toujours posée des rapports entre les Eglises et les Unions.

A vrai dire, les Sociétés d'activité chrétienne et les Unions Chrétiennes ont un caractère si différent[1] qu'il est étrange, même à première vue, qu'on puisse penser à une rivalité quelconque entre les deux œuvres; et, pour le dire en passant, il faut, pour que cette

---

[1] Cf. le remarquable article de notre ami Jacques Kaltenbach : « *Sociétés d'activité chrétienne et Unions Chrétiennes* » (*L'Espérance*, oct. 1906).

crainte se présente à nous, que les traits les plus originaux de nos Unions Chrétiennes soient depuis quelques temps passablement estompés... La Société d'activité chrétienne a pour but de mettre l'action de la jeunesse des deux sexes au service *direct* de l'Eglise : « elle vise avant tout à affirmer la piété de personnes déjà soumises par leur éducation à l'influence d'une Eglise. »[1] L'Union Chrétienne a pour but de mettre l'action de la jeunesse masculine au service *indirect* de l'Eglise : « le but des Unions Chrétiennes est de gagner à l'Evangile les jeunes gens non chrétiens. »[2]

On se rend compte que de ce point de vue nous ne pouvons que trouver bien étrange une phrase comme celle-ci, qu'on me communique après l'avoir extraite d'un rapport présenté il y a quelques années à un Synode des Eglises méthodistes : « Les Eglises doivent favoriser les Sociétés d'activité chrétienne de préférence aux Unions Chrétiennes, parce que les premières travaillent plus effectivement au bien des Eglises que les secondes. » C'est tout simplement méconnaître qu'une Eglise qui n'a pas un corps d'avant-garde consacré au recrutement de nouveaux membres et à la prédication missionnaire est une Eglise infidèle à sa mission et condamnée à disparaitre.

Si donc ces Associations demeurent respectivement fidèles à la mission pour laquelle elles ont été créées, il n'y a aucun conflit à redouter, aucune rivalité possible. Elles sont aussi indispensables l'une que l'autre

[1] J. Kaltenbach, op. cit., p. 149.
[2] J. Kaltenbach, op. cit., p. 149.

à l'Eglise et l'une ne remplacera jamais l'autre.

La Société d'activité chrétienne ne veut pas être une mission à la jeunesse incrédule ; son caractère confessionnel, son caractère mixte même seraient un obstacle à une telle besogne. « Y eût-il dans une ville, fait très judicieusement remarquer M. Kaltenbach, des Sociétés d'activité chrétienne par douzaines, les jeunes gens les plus remplis de zèle missionnaire seraient encore amenés à se réunir entre eux et à constituer une nouvelle Société, neutre au point de vue ecclésiastique, uniforme au point de vue du sexe et pourvue de tous les moyens légitimes pour attirer à elle les jeunes gens incrédules. Une Société de ce genre, quel que soit d'ailleurs son nom, ne serait autre que l'Union Chrétienne de jeunes gens. »[1]

Mais, par contre, l'Union Chrétienne ne veut pas être une Société d'édification mutuelle, une petite Eglise ; elle n'en a la plupart du temps pas les moyens, et au cas où elle le voudrait, il vaudrait infiniment mieux qu'elle soit remplacée par une Société d'activité chrétienne beaucoup mieux outillée qu'elle pour atteindre ce but.

Cela dit, la situation nous paraît claire et sans équivoque. Actuellement, la plupart du temps, il y a, entre l'Eglise et l'Union Chrétienne, un vide que comblerait très avantageusement la Société d'activité chrétienne : en tant que membre de son Eglise particulière, le jeune chrétien travaillerait dans la Société

[1] J. Kaltenbach, op. cit., p. 149.

d'activité chrétienne confessionnelle; en tant que membre de l'Eglise de Jésus-Christ, le jeune chrétien collaborerait à l'Union Chrétienne interconfessionnelle avec les jeunes de toutes les Eglises. « Il démontrerait l'intérêt qu'il y a pour la cause de l'évangélisation de la jeunesse à ce que les Unions restent distinctes des Eglises et conservent leur autonomie. Il affirmerait que l'existence d'œuvres de jeunesse chrétiennes et laïques est plus que jamais nécessaire pour établir le contact avec ceux, si nombreux encore, que d'invincibles préjugés retiennent éloignés des Eglises. »[1]

Et ce serait l'honneur, Messsieurs, de la jeunesse activiste confessionnelle que de provoquer incessamment la création d'Unions Chrétiennes interconfessionnelles, véritable *mission commune* à la jeunesse par la jeunesse de toutes les Eglises locales. Et ce serait l'honneur de la jeunesse unioniste interconfessionnelle de provoquer de son côté la création de Sociétés d'activité chrétienne confessionnelles. Unions Chrétiennes et Sociétés d'activité chrétienne travailleraient ainsi d'une façon généreuse et certainement féconde au triomphe des grands principes aussi indispensables l'un que l'autre de *fidélité* et de *largeur* ecclésiastiques.

Que si maintenant l'on nous objectait que « dans la pratique et par suite des faibles effectifs dont on dispose d'une part, et d'autre part de la multiplicité des activités proposées, un jeune homme ou une

[1] Circulaire du Comité National, janvier 1906.

jeune fille ne pourront être effectivement à la fois bons membres de la Société d'activité chrétienne et bons membres de leur Union Chrétienne : ils seront sollicités vers l'une ou l'autre et le fait d'appartenir à l'une les amènera fatalement à négliger l'autre, »[1] nous répondrons avec M. Kaltenbach : « que cette crainte ressemble étrangement à celle des gens qui voudraient supprimer les Missions pour ne pas faire tort aux Eglises, ou supprimer les Eglises pour ne pas faire tort aux Missions. »[2]

En tout cas, quoi qu'il en soit de cette question, nous réclamons l'alliance des Unions Chrétiennes avec les Eglises et nous la croyons indispensable pour la lutte formidable qui nous appelle et pour laquelle nous avons besoin de toutes les forces de nos frères.

*
* *

4° Nous demandons enfin *l'alliance momentanée et occasionnelle de la Jeunesse chrétienne avec les autres Jeunesses pour mener campagne commune toutes les fois que cela est possible.*

Et cela est possible, Messieurs, plus souvent que nous ne le pensons peut-être. « Mon opinion personnelle, dit M. Geisendorf, est qu'il y aurait même possibilité d'entente entre libertaires et chrétiens sur certains terrains de morale sociale. J'en citerai

---

[1] Lettre particulière.
[2] J. Kaltenbach, op. cit.

trois exemples : l'antialcoolisme; la lutte contre le jeu; l'anti-règlementarisme. » [1]

« Et ne pensez-vous pas, dit Louis Comte, que ce serait un spectacle réconfortant de voir, par exemple, la jeunesse catholique coopérer avec la jeunesse protestante et la jeunesse libre-penseuse pour combattre certains fléaux dont tout le monde se plaint ?

» J'enrage quand je vois, par exemple, les jeunes rester chacun derrière leurs cloisons étanches et refuser de s'unir pour lutter contre l'alcoolisme, la tuberculose et la pornographie.

» Les jeunes libres-penseurs qui se tiennent à l'écart des jeunes catholiques sont des fanatiques et ces derniers méritent la même appellation quand ils se claquemurent dans leurs cercles alors qu'il s'agit de combattre des fléaux dont nul ne saurait contester la gravité.

» Mais, me dit-on, la méthode à employer varie selon les convictions philosophiques. C'est vrai, en partie, mais en partie seulement. Un socialiste, un anarchiste, un israélite, un protestant, un catholique peuvent préconiser un certain nombre de mesures bien différentes pour lutter contre l'alcoolisme, la pornographie ou la prostitution, mais il n'en reste pas moins que les uns et les autres sont d'accord pour réclamer certaines réformes qui sont communes à tous les partis.

» Eh bien, qu'ils s'unissent au moins pour réclamer ces réformes et pour prendre ces mesures.

[1] Th. Geisendorf (*L'Action de la Libre-Pensée, de l'Anarchie et du Catholicisme au sein de la jeunesse française*, p. 33, cf. p. 39).

» Ce sera autant de gagné sur l'ennemi. »[1]

Formons le Bloc, — lions *la Gerbe*, — mais ayons-en peur aussi. Car, Messieurs, si j'ai dit la nécessité et les avantages du Bloc, je dois en dire aussi brièvement les inconvénients. « Le bloc, voilà l'obstacle, a parfaitement dit Wagner, l'obstacle encombrant qui entrave et paralyse chez nous les meilleures volontés. Encore s'il n'y en avait qu'un seul, mais ils sont en nombre. Des blocs, nous en avons à revendre. Il y a le bloc de l'ancien régime, le bloc clérical, le bloc anticlérical, le bloc matérialiste, le bloc bourgeois, le bloc socialiste, le bloc protectionniste, et le bloc libre-échangiste, etc... Et à côté des gros blocs, combien en est-il de petits, plus arrogants si possible que les grands. Presque tout le monde chez nous est l'homme d'un bloc. Barricadés dans ces milieux fermés et qui tous ont la prétention d'être intangibles, nous risquons d'y étouffer, et tandis qu'en réalité nous aurions besoin les uns des autres pour nous compléter, nous nous crions d'un bloc à l'autre bloc : « Il n'y a rien de commun entre vous et nous ! »[2]

Dieu nous garde de cet esprit-là en liant notre *Gerbe*. C'est de l'ivraie que nous mêlerions aux épis. Prenons garde de croire que nous monopolisons toutes les indignations et les enthousiasmes libérateurs que soulève en toute âme noble le spectacle actuel du monde.

[1] Louis Comte : *Le Relèvement Social*, 15 avril 1904.

[2] Ch. Wagner : *Le Devoir actuel de la Jeunesse française* (Congrès de l'Association protestante pour l'étude pratique des questions sociales, Bordeaux, 1895, p. 204).

II

Pour les autres

Quelle orientation doit donc avoir cette action pour le succès de laquelle nous prenons tellement soin d'éviter l'isolement, et nous formons le projet de sceller à nouveau ou de contracter tant d'alliances ? Elle doit être très nettement orientée, selon nous, vers la satisfaction des vrais besoins de la jeunesse contemporaine. Nous devons prendre conscience que nous travaillons *pour les autres* et nous appliquer à discerner les vrais besoins de la jeune âme moderne, ou, plus exactement, des jeunes âmes modernes. Pourquoi cette question ne ferait-elle pas l'objet d'un rapport à notre prochaine Conférence Nationale ?

Pour aujourd'hui, je voudrais indiquer brièvement trois ou quatre grandes lignes qu'il nous faudrait suivre résolument.

1° Nous devons *viser à l'action morale intensive.*
« N'est-il pas vrai que le monde souffre d'une obsession sexuelle qui assiège les esprits et souille les imaginations ? N'est-on pas écœuré par ses manifestations dans la littérature et dans la presse ? Qui ne voit que c'est là un symptôme de morbidité, une aberration des instincts qui, chez les opulents et les oisifs, prend les allures d'une monomanie ? Où voit-on rien de semblable dans le monde animal ? Partout, les instincts se maintiennent dans un juste rapport avec les fonctions. Qui dira que, dans le genre humain, cet équilibre ne soit rompu ? On a mis les passions génésiques en culture forcée, et il en est résulté leur surexcitation chronique. Divers facteurs ont aggravé ce mal dont nous sommes presque tous victimes ; l'alimentation vicieuse, l'alcoolisme, le luxe, la vie des villes, tout l'ensemble de nos habitudes y ont contribué. »[1]

Le mal est infiniment plus étendu et profond que la plupart ne le soupçonnent. Aussi comprend-t-on que M. de Boeck puisse écrire[2] : « L'une des tâches les plus nécessaires qui s'imposent aux Unions Chrétiennes de Jeunes Gens, c'est la lutte contre l'immoralité sous toutes ses formes. » Et M. Raoul Biville[3] : « Luttez contre l'immoralité et que l'action morale devienne le but principal de vos Unions. » Et le secrétaire général Von Starck : « Les Unions veulent-

[1] Mme E. Pieczinska, op. cit., p. 9.
[2] Ch. de Boeck : *Messager de l'Union de Bordeaux*, 1er janvier 1905.
[3] Raoul Biville : *IIe Congrès de l'Etoile Blanche*, 1900, p. 18.

elles atteindre leur but complètement et entrer vaillamment dans la lutte pour l'éducation morale du peuple ? Si oui, elles ne doivent pas hésiter plus longtemps, elle doivent introduire dans leur programme le travail de l'Etoile Blanche. »[1] Et George Williams, le fondateur des Unions : « Je crois que les Unions Chrétiennes sont le centre tout préparé pour la lutte contre l'impureté. »[2]

« L'Union Chrétienne, Messieurs, doit être le plus redoutable ennemi de l'impureté. Certes, son existence même est déjà une protestation, une mise en garde contre le mal ; elle exerce spontanément une véritable attirance vers tout ce qui est bon, honnête et pur ; elle détache des laideurs et des souillures.

» Mais cela seul ne suffit pas : c'est la lutte directe que l'Union doit engager. L'expérience — rien ne vaut contre l'expérience — prouve que trop souvent l'Union, malgré tous les efforts qu'elle a faits par ailleurs pour conquérir le jeune homme à la vie chrétienne, a misérablement échoué, pour avoir gardé un *silence décidément coupable* sur les tentations spéciales à la jeunesse, pour avoir méconnu que c'est là et pas ailleurs, la plupart du temps, que réside l'interdit empoisonneur. Et comment lirait-on sans émotion dans les enquêtes sur la moralité le continuel et lamentable refrain : « Pourquoi ne m'avait-on pas mis en garde à la maison ou à l'Union ?... » Aussi le secrétaire général, Von Starck, a-t-il raison de dire : « L'expérience nous apprend que l'on ne

---

[1] *Message du Comité International,* août 1904.
[2] 1885.

donne presque jamais à ce point dans nos Unions une attention suffisante. »[1]

» Nous croyons, Messieurs, à la grande mission évangélisatrice parmi la jeunesse confiée à nos Unions Chrétiennes ; elles l'accompliront dans la mesure où elles se rendront compte que la bonne nouvelle qu'il faut aux jeunes, c'est celle d'une force capable de les arracher aux puissances précises de corruption, de dissolution et de mort qui se glissent furtivement en eux par la séduction des sens, dans la mesure où elles reprendront les vieilles traditions d'un christianisme primitif qui ne savait pas composer avec les prétendues obligations d'une pruderie mondaine sans sincérité, mais qui s'adressait de manière personnelle et directe *à chacun selon ses besoins,* et connaissait assez l'âme du jeune homme de toutes conditions et de tous milieux pour faire adresser même à un Timothée par un saint Paul l'énergique et précise exhortation : « Fuis les désirs de la jeunesse. »

» La lutte contre l'impureté est le plus précieux auxiliaire, le meilleur instrument de travail de l'Union Chrétienne.

» Dès 1885, les deux secrétaires généraux de New-York, Mac Burney et James Mac Connaugby écrivaient : « A la suite d'une connaissance pratique et d'observations sérieuses de ce qu'est la Croix-Blanche, nous souhaitons de tout notre cœur de voir chaque Union introduire ce travail dans son champ d'activité. »

---

[1] *Messager du Comité Central International,* août 1904.

» De Berlin, le secrétaire général écrit : « Nous avons travaillé sept années sans la Croix-Blanche et sept années avec elle. Au point de vue de notre travail de cure d'âme, nous pouvons parler des sept années maigres et des sept années grasses du pays d'Egypte. » De Leipzig : « Pour notre Union, le travail de la Croix-Blanche s'est montré bien plus utile que les réunions générales d'appel. » Et sous l'impulsion des Unions Chrétiennes, il s'est fondé en Allemagne une ligue de la Croix-Blanche avec un Comité central, un Secrétaire permanent, un journal trimestriel, 28.000 membres et 240 sections, des Congrès régionaux et nationaux.

» En France, les groupes régionaux d'Unions Chrétiennes qui se sont le plus préoccupés de cette question, notamment le groupe du Nord et le groupe des Charentes et du Poitou, reconnaissent l'essor nouveau qui en est résulté pour plusieurs de leurs Associations. Les Unions Chrétiennes de jeunes filles, la Jeunesse méthodiste, les Sociétés d'activité chrétienne, la Fédération française des étudiants chrétiens ont déjà fait ou sont en train de faire la même expérience. »[1]

Et le problème moral déborde d'ailleurs infiniment la question de la pureté. Nous avons souvent noté cette solidarité diabolique de toutes les formes du mal, et commencer la lutte sur un point, c'est être bientôt obligé de la livrer sur tous les points. « Entre les conditions économiques, la vie maté-

[1] Freddy Dürrleman : *Les Unions et la lutte contre l'impureté* (*Bulletin de l'Union de Nîmes*, 15 fév. 1906).

rielle, l'éducation, les idées, les mœurs et les vices, il y a une solidarité qui fait qu'un des termes ne peut être changé que par la modification de tous les autres. Les hommes de bonne volonté qui veulent supprimer l'alcoolisme ne savent pas tout ce qu'ils s'engagent à faire. » [1]

Il nous faudrait une lutte vigoureuse, systématique et persévérante contre les fléaux qui ravagent nos cités, contre cette démocratisation du vice, cette socialisation des instruments de plaisir qui est un des traits caractéristiques de notre temps, à la campagne comme à la ville. Car qu'on ne m'objecte pas que je parle en citadin et que pourtant « si l'on parcourt la liste des Unions Chrétiennes de jeunes gens de France publiée par le Comité National, on s'aperçoit bien vite que les Unions *de campagne* sont au moins aussi nombreuses que les Unions *de villes.* » [2] « Si la campagne ne possède ni théâtres, ni Eldorados, elle n'est malheureusement privée ni de cabarets où l'on s'enivre, ni de bals où la liberté des propos ne le cède qu'à la licence des gestes. Les fêtes locales, les foires périodiques, moins importantes, mais par cela même plus fréquentes qu'autrefois, servent de prétexte à l'amusement de la jeunesse et cet amusement n'est rien moins qu'innocent. Au milieu de ce dévergondage, il est nécessaire que, partout où c'est possible, une Union Chrétienne de jeunes gens bien organisée tienne

---

[1] G. Séailles, op. cit., p. 197.

[2] G. Kuntz : *Ce qu'il faut aux Unions de campagne,* 1895, p. 3.

haut et ferme le drapeau de l'Evangile, »[1] et mène solidement la campagne morale.

Notre responsabilité est d'autant plus grande ici que, comme le note M. Geisendorf, « ni la jeunesse laïque, ni la jeunesse catholique n'ont posé dans son intégrité le problème moral. Les puissances de ténèbres qui ravagent aujourd'hui la France, — la pornographie, l'alcool, le jeu et le funeste dilettantisme, — semblent totalement ignorées par ces jeunes. Et pourtant c'est bien d'elles que dépend la vie d'une nation. »[2]

Et cependant non, Messieurs, ces jeunes n'ignorent pas tout à fait les admirables campagnes menées par nos aînés pour obtenir de la conscience moderne la reconnaissance de certains principes moraux intangibles, comme par exemple celui de l'unité de la morale pour les deux sexes ; mais il arrive que certains en tirent des conclusions diamétralement opposées aux nôtres : nous protestons contre l'indulgence dont jouit l'homme qui obéit à ses instincts en regard de la sévérité qui retombe sur sa complice, et nous demandons que l'opinion publique exige de l'un ce qu'elle exige de l'autre et réclame de tous deux une égale moralité. D'accord sur le principe, ils optent pour une autre application, et tandis que nous disons : puisque l'homme exige de la femme la moralité, il doit rester moral lui-même, ils disent : puisque la femme doit être traitée comme l'homme,

[1] G. Kuntz : Op. cit., p. 4.
[2] Geisendorf : *L'action de la Libre-Pensée, de l'Anarchie et du Catholicisme au sein de la Jeunesse française*, p. 52, 53.

elle doit avoir le droit de se conduire comme lui !...
Et voilà à quoi il nous a servi de faire triompher le principe de l'unité de la morale. C'est la thèse que soutenaient dans une nouvelle récente, dont j'extrais un paragraphe, *Les Annales de la Jeunesse laïque* :

— « Et si je vous disais, moi, que dans ma vie de jeune fille j'ai eu aussi des liaisons passagères, mais qu'elles n'ont laissé aucune trace dans mon cœur, qu'en penseriez-vous ?

— Je penserais que vous n'en avez pas moins les qualités que je me suis plu à aimer en vous et je continuerais à vous aimer.

— Bien vrai ? s'écria Juliette surprise et souriante, se rapprochant de René.

— Bien vrai ! répéta le jeune homme comme s'il venait de dire la chose la plus simple et la plus naturelle du monde.

Alors, elle posa les mains sur les épaules de René, le regarda longtemps dans les yeux, puis laissant glisser ses bras autour du cou, l'embrassa lentement, amoureusement. »[1]

⁎
⁎ ⁎

2° *Nous devons, en second lieu être fermement résolus à faire notre éducation de l'action sociale...*
Nos Unions Chrétiennes ont de grands progrès à faire en ce sens. M. Emile Doumergue publiait, il y

---

[1] Jean Jullien (*Les Annales de la jeunesse laïque*, mai 1904).

a trois ans, dans *Foi et Vie,* sous ce titre : « La Jeunesse chrétienne et la lutte contre les fléaux sociaux, »[1] une petite enquête bien propre à nous faire rougir et à nous stimuler. D'après cette enquête, sur « huit Unions, groupées naturellement en dehors de tout choix, de toute idée spéciale,[2] deux, c'est-à-dire le quart, s'occupent d'œuvres sociales, et six, c'est-à-dire les trois quarts, manifestent à l'occasion leur intérêt, mais ne font pas d'œuvre sociale proprement dite. »[3]

Et M. Doumergue commente : « La société traverse une crise terrible, dans laquelle peu à peu toutes les objections contre le christianisme se concentrent dans cette accusation presque unique mais formidable, à notre époque de socialisme : « Le Christianisme ne peut rien pour la société. Le Christianisme est antisocial. Quelles sont les mœurs sociales du Christianisme ? La société n'a rien à espérer, donc rien à faire du Christianisme. » Pour réfuter ces dangereuses accusations de la libre-pensée, je me suis adressé aux associations chrétiennes, aux associations de jeunes gens, c'est-à-dire à des chrétiens particulièrement actifs, ardents, particulièrement de leur pays et de leur temps, et je leur ai posé cette question : « Votre Union s'est-elle occupée directement ou indirectement d'une œuvre sociale quelconque ? » Et les Unions ont répondu : « L'antichristianisme a raison, à peu près. Les trois quarts

---

[1] *Foi et Vie,* 1ᵉʳ et 16 septembre 1903.
[2] *Foi et Vie,* p. 461.
[3] *Foi et Vie,* p. 463.

des Unions Chrétiennes ne s'occupent ni directement ni indirectement d'aucune œuvre sociale. »[1]

» Dira-t-on : Si l'Union s'occupe ainsi des questions sociales, l'Union deviendra une Société d'économie politique, un club? je réponds : Parce qu'elle s'occupe de la foi, de la Bible, est-ce que l'Union devient une école de théologie, est-ce qu'elle se perd dans les difficultés de l'exégèse, de la critique?

» Non. Dès lors, de même que chaque année à l'Union on passe en revue les principales questions, les principaux desiderata de la foi chrétienne, chaque année, à l'Union, on peut et on doit passer en revue les principales questions, les principaux desiderata des mœurs chrétiennes, des mœurs sociales très généralement, et arriver (c'est une conclusion très précise) à fixer son budget social, le budget de ses mœurs sociales.

» Encore un étonnement pour plus d'un lecteur. Comment? Chaque Union devrait avoir *son budget social?* Et je réplique, avec un étonnement égal : Comment une Union Chrétienne n'aurait pas son budget social? Comment après enquête, rapport, discussion, chaque Union ne dirait pas : Je dois et je veux dépenser tant pour la Société, budget petit ou gros, de 100 fr. ou de 10 fr. ou de 5 fr. ou de moins encore, mais budget social, preuve et agent de mœurs sociales vraiment chrétiennes?

» A quoi servent ces budgets infimes? — A quoi? quand ils ne serviraient, pour chaque Union, qu'à la

---

[1] *Foi et Vie,* p. 463, 464.

forcer de refaire chaque année ses enquêtes, ses rapports, ses discussions, c'est-à-dire de se mettre au courant, de maintenir et d'augmenter son intérêt, ne serait-ce pas énorme ? Mais supposons qu'en tête des listes de souscriptions pour la Ligue en faveur du repos du dimanche il y ait 2 ou 300 Unions Chrétiennes et 4 ou 500 Eglises ; à un franc chacune, cela n'en ruinerait pas beaucoup. Supposons qu'en tête des listes de souscriptions pour la Ligue française antialcooliques il y ait 2 ou 300 Unions et 4 ou 500 Eglises ; à un franc chacune, cela n'en ruinerait pas beaucoup. Supposons qu'en tête des listes de souscriptions contre la tuberculose il y ait 2 ou 300 Unions et 4 ou 500 Eglises ; à un franc chacune, cela n'en ruinerait pas beaucoup. Et quand les 2 ou 300 Unions et les 4 ou 500 Eglises auraient ainsi souscrit un franc à trois, quatre, cinq, à dix œuvres chrétiennes et sociales, sans compter quelques centaines d'Ecoles du Dimanche, combien seraient ruinées ? Aucune. Or à ce prix sait-on bien ce qu'on pourrait créer ? Un proverbe, un dicton : « Les Unions Chrétiennes, les écoles chrétiennes, les Eglises chrétiennes, par cela seul qu'elles sont chrétiennes, se croient obligées de figurer en tête de toutes les œuvres sociales de solidarité, de moralité. »[1]

Ces lignes de M. Doumergue sont bien propres à nous émouvoir ; pour notre part, nous pensons que l'absence de souffle social dans nos Unions est pour beaucoup dans leur torpeur actuelle. On a noté avec

---

[1] *Foi et Vie*, p. 405.

raison qu'une des causes de l'insuccès des Universités Populaires fut justement que « les hommes et les jeunes gens, professeurs ou étudiants, qui se mirent à la tête du mouvement, ne tinrent pas assez compte de ce fait que le grand souci du prolétariat, le stimulant qui le poussait à s'instruire, c'était la question sociale, et que tout dans une Université Populaire devait s'y ramener, qu'il s'agisse de littérature, de droit, d'histoire ou de science. »[1]

Pensez-vous sérieusement, Messieurs, que des associations dont les salles de conversation et de lecture sont soumises à la censure sévère que révèle ce petit entrefilet de *L'Espérance* puissent beaucoup engrener avec le prolétariat? « Point de journaux politiques ouvertement hostiles au régime établi. Nous n'avons pas le droit à l'Union, me semble-t-il, de discuter ou de laisser discuter le gouvernement que la France s'est donné. Je n'admettrais donc que les journaux de tendances très pacifiques, comme *Le Signal, Le Temps, Le Matin*, etc... »[2]

Croyez-vous, Messieurs, qu'elles soient mieux faites pour attirer et retenir les jeunes intellectuels? Ce serait méconnaître un des traits saillants de l'étudiant : « C'est une particularité digne de remarque, et dont il y a lieu, je crois, de se féliciter, que le goût très vif manifesté par la jeunesse qui réfléchit à la fois pour les problèmes sociaux et l'action sociale,

[1] L. Delpon de Vissec : *La crise des Universités Populaires* (*Revue Bleue*, 30 janvier 1904, p. 139).

[2] Paul Theis : *Les salles de conversation et de lecture* (*L'Espérance*, mars 1905, p. 36).

et pour les plus hautes spéculations de la pensée. »[1]

Et ce qui m'afflige surtout ici, c'est le sentiment que nos Unions ne doivent pas davantage engrener avec le ciel qu'avec le prolétariat et l'élite intellectuelle de la jeunesse. Car enfin, Messieurs, qu'est-ce que l'agonie actuelle du Christ, sinon la souffrance que lui cause la vue de toutes les misères matérielles et morales, de toutes les impiétés et de toutes les injustices, de tous les mensonges et de toutes les haines de l'état social contemporain. Et si quelqu'un pense qu'en ce moment nos Unions doivent avant tout prêcher la conversion, j'applaudis, car oui, ce n'est que cela, mais c'est tout cela que nous avons à faire ; et c'est nous-mêmes, Messieurs, qui avons besoin d'avoir le cœur, l'âme et le cerveau convertis au Père, tournés tellement vers Lui que nous voyons sa physionomie tourmentée des angoisses qui lui viennent de la Terre, convertis aux frères, c'est-à-dire tournés vers cette foule pécheresse et misérable « susceptible de s'intéresser à certaines questions sociales, par exemple à une grève quand elle est accompagnée d'incendies et de fusillades, et qui ne se passionne guère pour des diagrammes et des cartogrammes »[2], convertis, c'est-à-dire tournés vers elle pour l'instruire, l'éduquer, l'émanciper, la faire fille de Dieu...

« La jeunesse, si elle n'a point l'expérience pra-

---

[1] Léon Vannoz : *L'œuvre future de la Jeunesse laïque et républicaine*, 1906, p. V.

[2] Ch. Gide. *L'Exposition internationale de la vie ouvrière. L'Emancipation*, janvier 1905, p. 3.

tique de la vie, — et peut-être parce qu'elle n'a pas trop cette expérience — possède deux des qualités les plus nécessaires pour aborder de front les problèmes sociaux de notre époque. D'une part, pour peu qu'elle ait l'âme élevée, elle se distingue par une fraicheur et une générosité de sentiments qui, le jour où son attention se concentre sur les misères de son entourage, la pousse à prendre en main la cause des faibles, des malheureux et des opprimés. D'autre part, elle représente l'âge heureux où l'on voit la vie en rose, où chacun a confiance en soi et dans les autres, où l'on se sent individuellement la force de conquérir le monde et même d'en réformer les abus. »[1]

Si ces paroles de M. Goblet d'Alviella suffisent à indiquer le devoir de la jeunesse en tant que telle, elles doivent être bien plus vraies encore de la jeunesse chrétienne, car, Messieurs, n'est-ce pas ? *que la jeunesse chrétienne doit être la jeunesse de la jeunesse...* Si donc « quiconque pense et peut quelque chose doit travailler à diminuer le mal social »[2], cette tâche est avant tout la nôtre. Y faillir, ce serait compromettre pour une grande part la grande cause du progrès social conforme à l'idéal moral, car, comme on l'a très bien dit : « Sans le concours intelligent et actif des jeunes, les réformes les plus légitimes, les plus urgentes, ne s'accomplissent pas. La moralisation du peuple, le rapprochement des classes,

[2] Goblet d'Alviella. *Le devoir social des générations nouvelles (Revue Bleue,* 15 janvier 1898).

[1] Ollé-Laprune : *La Vitalité chrétienne,* 1901, p. 207.

l'élévation progressive des masses ouvrières, les améliorations nécessaires à apporter au régime industriel, économique et politique actuel, et par dessus tout le réveil des consciences et des âmes à une vie franchement et intelligemment religieuse, tout cela ne sera qu'un beau rêve, un programme platonique, tout d'imagination et de spéculation, si la jeunesse de France ne prête pas à ces grandes et généreuses idées le secours indispensable de ses bras, de son intelligence et de son cœur. »[1]

Mais, Messieurs, « pour cela il faut plus que des phrases, ou même de bons sentiments et de louables intentions. Il y faut de longues et patientes études, parce qu'il y faut des lumières certaines. »[2] Le même Ollé-Laprune, que je viens de citer, savait excellemment parler à la jeunesse de ce qu'il appelait « le devoir de la compétence sociale. » Messieurs, en tout ordre de choses, la compétence est, n'est-ce pas, la première condition pour enseigner quoi que ce soit. Eh bien, dans les questions sociales on s'improvise trop vite docteur, dans les questions sociales on croit pouvoir tout décider sans avoir rien étudié. L'on a quelques idées très générales et quelques sentiments très généreux, on se croit en état de proposer des remèdes positifs aux maux sociaux. C'est une grande imprudence, c'est une grande témérité, et voilà pourquoi je crois que c'est un devoir pour la jeunesse sérieuse, que d'acquérir, dans les ques-

[1] G. Chastand et E. Gounelle : *Appel à la jeunesse chrétienne* (*Revue du Christianisme social*, 1896, p. 1).

[2] Ollé-Laprune, op. cit., p. 201.

tions sociales, une certaine compétence pour en traiter. »[1]

        ***

3° *Nous devons donc être résolus à faire notre éducation intellectuelle.* Nos Unions seront conquérantes en partie dans la mesure où les Unionistes seront des amis de *la culture intellectuelle personnelle*. Tout Unioniste devrait être un passionné de la lecture et de la réflexion. Le manque de rayonnement de nos Unions tient, pour une grande part, il faut oser le dire, à la faiblesse réelle de leur intellectualité. On dirait, Messieurs, que nous nous croyons dispensés du devoir de rechercher les vérités que poursuivent les hommes, parce que nous avons rencontré la vérité spirituelle en Jésus-Christ, comme si l'attrait de celle-là ne devrait pas être pour nous un stimulant pour la recherche des autres qui sont, elles aussi en un certain sens, des manifestations de notre Père céleste, comme si l'extension de l'intelligence et des connaissances humaines ne faisait pas partie intégrante du grand programme de l'avancement du règne de Dieu !...

Messieurs, la culture est un devoir personnel qui revêt pour nous, chrétiens, toute l'autorité d'un devoir religieux, mais c'est aussi un devoir social : l'action morale, l'action sociale elle-même exigent plus que jamais une véritable autorité intellectuelle. Je sais bien qu'on exagère et grandement et naïvement quand on parle des besoins intellectuels des masses

[1] Ollé-Laprune, op. cit., p. 227.

populaires, ouvrières par exemple. Il ne faut guère les pratiquer pour parler ainsi. Mais ce qui est exact, c'est que les élites de tous les milieux sont inquiètes et chercheuses, et, à leur manière, passionnées de science. Or, Messieurs, pas plus à ce point de vue qu'au point de vue social, nos Unions — quand elles sont connues, c'est, hélas ! une restriction toujours nécessaire — n'inspirent de confiance à ces élites.

C'est précisément ce souci de la nécessité de vrais foyers intellectuels pour le peuple qui a donné naissance aux Universités Populaires. Ce mouvement a avorté, entre autres raisons, parce qu'il a compris trop tard que, pour le moment, il ne devait s'adresser qu'à la seule élite ; mais nos Unions ont à tirer parti de cette expérience et à ne pas oublier la solennelle déclaration de Deherme qui exprime le sentiment de l'élite populaire de ce temps : « J'en ai fait l'expérience personnelle ; faute de direction et d'initiation intellectuelles, faute de source pure où satisfaire sa soif du savoir, le jeune travailleur peut tomber dans les plus grossières erreurs. L'ouvrier intelligent n'est en contact qu'avec les fanatiques et les violents. Je suis douloureusement convaincu qu'il est des jeunes hommes ardents, pleins d'intelligence, de cœur et d'âme, qui sont aux bagnes, qui sont morts sur l'échafaud, sur les barricades, ou qui peu à peu sont tombés dans les bas-fonds, pour n'avoir pas trouvé le concours moral que nous voulons leur offrir et qui eût fait d'eux des hommes vraiment utiles à la société. »[1]

[1] Deherme, cité par G. Séailles, op. cit., p. 194.

Le grand chrétien dont s'honorent l'Eglise catholique et l'Ecole normale supérieure, à qui j'ai déjà fait quelques emprunts, aimait à répéter ces dernières années que notre temps a « trois passions. Le premier objet de sa passion, c'est ce qu'il nomme la science ; le second objet de sa passion, c'est, si je ne me trompe, la justice sociale, et le troisième objet de sa passion, c'est la liberté et la démocratie, ou, si vous le voulez, la liberté démocratique. »[1]

Messieurs, pour entrer en contact avec l'âme de notre peuple, il nous faut à nous autres, les fils de la Réforme, joindre à notre vieil esprit démocratique plus de souci de la justice sociale et plus d'amour de la science.

* *

4º Nous devons être résolus *à essayer de réconcilier parmi la jeunesse non seulement la vie morale et sociale, mais encore la vie mentale, la pensée, avec l'Evangile.*

C'est ici, Messieurs, qu'est surtout notre grande tâche. Nous assistons à un divorce de la pensée moderne *vulgarisée* avec l'Evangile. Je dis *vulgarisée* à dessein, car il serait injuste d'oublier qu'il y a pourtant encore des maîtres de la pensée contemporaine dont les conclusions n'infirment en rien l'Evangile — au contraire — et qui ne s'en cachent point. Mais ceux-là sont méconnus et ignorés : la conspiration du silence est supérieurement organisée autour de

[1] Ollé-Laprune, op. cit., p. 133.

leurs ouvrages ou de leurs cours ; la vulgarisation est pour les autres.

Aussi elles sont plus vraies encore aujourd'hui qu'il y a quinze ans les clairvoyantes paroles de Charles Secrétan : « Tout observateur impartial dira que le christianisme — nous pourrions dire la pensée chrétienne — s'en va de l'Europe. »[1] Et j'ajouterai, Messieurs, que la pensée chrétienne s'en va des chrétiens eux-mêmes. Non seulement beaucoup ne pensent plus chrétiennement l'Evangile, mais encore il en est un plus grand nombre qui ne pensent jamais l'Evangile. Sous prétexte de réaction contre l'intellectualisme, nous en sommes arrivés à une étrange manière de piété faite de sentiments, d'actions et d'idées plus ou moins claires empruntées au milieu et à la tradition, sans réflexion et sans critique...

Piété pratique, disons-nous, et pourtant rien n'est moins pratique que cette piété pratique-là. En réalité, c'est une piété infirme, amputée. Elle n'est pas née viable. C'est une immense erreur de croire qu'on puisse être chrétien longtemps par le cœur et la volonté, sans l'être par le cerveau. La conversion, elle est plus que le don du cœur tout seul, plus que le don de la volonté toute seule, elle est tout cela et elle est encore et en même temps le don de l'intelligence ; elle est une révolution autrement profonde et étendue que ne le pense notre piété rabougrie qui n'est pas même capable de se penser elle-même, et qui, vague, imprécise, nuageuse, est à la merci d'une

---

[1] Charles Secrétan : *L'Église et le Monde (Revue chrétienne,* 1er mai 1893, p. 324).

objection troublante et sans force aucune de propagande.

Messieurs, c'est ici surtout que nous devons obéir au grand devoir de la culture personnelle. Nous devrions être des passionnés de science religieuse. N'est-il pas singulier que des indifférents ou des adversaires de l'Evangile connaissent souvent mieux les questions bibliques que les chrétiens pour qui la Bible est « la règle très certaine de la foi », que les unionistes qui ont la prétention d'avoir une Etude biblique tous les huit jours? Nous avons vraiment une étrange manière de concevoir nos devoirs religieux!

Et cependant, Messieurs, nous sommes à une heure privilégiée, nous pouvons sans trop de peine retirer aujourd'hui le bénéfice des gigantesques travaux des sciences religieuses qui ont occupé le xixe siècle, et enrichir infiniment notre piété personnelle. Et nous sommes aussi à une heure bien grave : nous pouvons, par notre ignorance des questions religieuses, contribuer au recul du christianisme en Europe. Joignons, Messieurs, à notre foi la science de la foi.

*
* *

5° Et n'en ai-je pas assez dit pour faire saisir à chacun combien le devoir le plus urgent est pour nous tous, Messieurs, *le développement intensif de la vie spirituelle personnelle et collective.*

La conquête à faire est avant tout celle-là. Pour conquérir la terre, il faut avoir conquis le ciel. Retournons aux sources ; découvrons comme à nouveau le cœur du Père; chacun de ses battements dit le nom d'un fils perdu à lui retrouver.

En un sens bien profond, le secret de l'action extérieure est dans la piété intérieure. L'analyse ne révèle-t-elle pas qu'un des traits dominants de la vie religieuse intense est son caractère *extensif?* Les vrais apôtres et les grands missionnaires ont été de grands mystiques. Tandis que la piété superficielle attend le pécheur, la piété profonde le cherche; l'une dit : venez à nous; l'autre dit : je suis venu vers vous.

Il y a deux manières de travailler au salut de ceux qui périssent : la première et la plus courante, consiste à être préoccupé plus des moyens de salut que des perdus eux-mêmes ; on organise le salut et on oublie les perdus; la seconde et la plus rare, consiste à être préoccupé plus des pécheurs à sauver que des moyens pratiques de les sauver ; c'est la vraie manière, car sauver c'est aller à ce qui se perd et c'est en sauvant qu'on devient sauveur, c'est en perdant le souci des moyens pratiques de salut qu'on les retrouve.

Seule, la vie intérieure intense est capable de donner à l'homme la vision obsédante de ses frères et de le mettre, si je puis me permettre cette image, suffisamment sous pression pour qu'il puisse aller jusqu'à eux, mieux que cela, jusqu'*en eux*.

Pour *voir* Jérusalem, il fallait monter sur la colline des Oliviers; pour *voir* le monde, il faut monter dans le ciel; les Sauveurs ne sont jamais venus d'ailleurs; le Sauveur des Sauveurs en est descendu...

III

Chez les autres

Et ceci m'amène à ce troisième mot d'ordre : « *chez les autres* ». Nous nous plaignons toujours, Messieurs, de ne jamais prêcher qu'à des convertis, et nous déplorons l'absence chez nous de nos adversaires. Ils ne viennent pas chez nous, allons chez eux...

C'est l'erreur étrange par laquelle passent successivement toutes les entreprises de salut qui sont à l'œuvre dans le monde. L'Eglise, fondée par des missionnaires pour l'action missionnaire, s'est bientôt oubliée dans ses sanctuaires ; il a fallu la rappeler au grand devoir de l'évangélisation. Les Salles d'évangélisation elles-mêmes finissent trop souvent par se transformer en petites chapelles, et nos Unions sont devenues des cercles.

Les meilleures choses risquent donc toujours de devenir les pires : le christianisme naissant ne désirait rien tant que d'être un jour officiellement reconnu et de pouvoir être abrité ailleurs que dans les catacombes, et voilà qu'en l'embrassant, Constantin l'a lié de chaînes qui ne sont point encore toutes tombées à cette heure, et qu'en dressant les cathédrales, on bâtissait sa prison. Nos Unions Chrétiennes, nos Solidarités ne désirent rien tant que des locaux et des bâtiments, et ces bâtiments, sans lesquels elles croient leur œuvre impossible, finissent par leur cacher tous ces foyers où le chrétien devrait entrer pour porter la bonne nouvelle.

L'œuvre de conquête ne se fera que très incomplètement dans nos locaux. C'est chez l'adversaire, en pays ennemis, que l'on conquiert. La maison unioniste est appelée à devenir de plus en plus la chambre haute où l'on prie pour l'action, la salle d'études où l'on se prépare solidement aux entretiens libérateurs d'âmes, la terre où l'on transplantera et soignera les jeunes plants arrachés aux jardins ennemis. Notre erreur a été de croire qu'elle serait surtout une arène.

Il faut aller chez nos adversaires, pas tellement, à mon sens, dans les grandes conférences qu'ils organisent et où nous pouvons avoir l'occasion de faire connaître nos principes et notre programme, quoique cela doive aussi être entrepris dans certaines limites et avec certaines précautions. Mais nous devrions surtout, me semble-t-il, viser à organiser des *cercles d'études*, de concert avec nos adversaires. Je crois que nous avons de moins en moins à attendre que ceux-ci s'inscrivent dans nos Unions comme membres associés pas plus que nous n'aurions la tentation de nous inscrire dans les mêmes conditions, si cela nous était offert, dans les groupements de la jeunesse catholique ou laïque. Mais nous pouvons leur demander de s'associer à nous *sur un terrain absolument indépendant administrativement de nos associations respectives* pour de libres entretiens, périodiques si possible, sur les questions qui nous séparent et même sur celles qui nous unissent. J'attends, quant à moi, beaucoup plus de ces échanges de vues entre quelques-uns que des grandes conférences contradictoires.

Mais ici encore nous touchons du doigt la grande nécessité qu'il y a pour nous à nous mettre à la hauteur de ces discussions qui seront évidemment un peu plus difficiles que nos petites causeries-débats devant le cercle étroit et peu contredisant de nos amis, mais qui seront peut-être aussi plus fécondes pour nous personnellement et pour les autres. Le sujet mis à l'ordre du jour du prochain Cercle d'études serait étudié par chacun avec le sentiment de la portée réelle de son travail et fournirait l'occasion d'intéressantes *discussions préparatoires* à l'Union.

Allons à cette jeunesse avec des principes positifs et clairs, avec un programme bien défini. Gardons à l'intérieur, si je puis dire, notre *Base de Paris*, mais prenons conscience qu'il faut la traduire à l'usage de l'autre jeunesse en un style bien laïque et bien moderne. Elaborons pour l'extérieur une *Déclaration de principes et un programme d'action* que nous mettrons au frontispice de notre Alliance nationale et que nous déploierons hardiment et fièrement devant la jeunesse de notre pays, qu'elle pourra ne pas suivre, mais qu'elle ne pourra pas ne pas saluer.

Enfin, il faut aller chez nos adversaires *individuellement*. « La cure d'âme est certainement le procédé le plus efficace pour recruter des membres ou pour les conserver. *Les recrutements à domicile*, voilà la fatigante, mais bonne méthode[1] ».

Les Unions Chrétiennes de jeunes filles en ont fait l'expérience si nous en croyons cette page écrite à leur sujet: « Ne craignons pas de le dire avec la plus grande netteté : c'est par les visites, par l'influence personnelle des jeunes filles pieuses sur les autres que se fait le plus de bien. On ne saurait trop insister sur l'influence sociale de l'initiative privée, du patronage individuel, affectueux et direct. Dans certaines Unions on emploie, paraît-il, le système des « marraines et des filleules » c'est-à-dire qu'on donne à chaque membre pieux la surveillance d'une jeune fille peu sérieuse. Cette surveillance est strictement amicale et affectueuse: la « marraine » s'engage à prier tous les jours pour sa « filleule », à l'aider matériellement et spirituellement autant qu'elle le pourra, à lui prêter des livres etc... Oh! la jolie trouvaille que cette institution de « marraines » unionistes! [2]

« Jeunes gens et jeunes filles de nos Unions, vous devriez tous accepter l'honneur et les responsabilités d'un pareil parrainage moral. Hélas ! ce ne serait pas les filleuls et les filleules qui manqueraient..... C'est presque toute la jeunesse populaire de France qui

[1] E. Gounelle: op. cit. p. 220.

[2] A Montpellier, l'Union Chrétienne a organisé spontanément le même système sous le nom de *Fraternité unioniste*. Il y a autant de *fraternités* que de membres actifs entre lesquels le Comité répartit les jeunes gens, membres associés ou non, que l'Union cherche à conquérir. Chaque fraternité porte le nom du membre actif qui est chargé d'établir des rapports cordiaux et fraternels entre les divers jeunes gens qui lui sont confiés. Il y a ainsi la fraternité Durand, la fraternité Duval, etc...

est moralement abandonnée. Qui donc, ô ciel, la patronnera¹ ! »

* *

J'en ai assez dit maintenant pour faire saisir à chacun combien il paraît juste de penser que le développement de nos Unions Chrétiennes de Jeunes Gens est lié à la manière dont elles s'oublieront pour travailler « *avec les autres... par les autres... chez les autres...* » à l'avancement du Règne de Dieu par la jeunesse dans la jeunesse ; les collectivités comme les individus ne se retrouvent *soi-même* qu'en se donnant *aux autres...*

Et j'ai fini, Messieurs, ce trop long travail sur un trop vaste sujet. Ce n'est pas sans une vive émotion que j'ai tracé ces pages, hélas ! bien imparfaites. Nous avons tous le sentiment que nous sommes à une heure grave et décisive pour nos Unions. Le Comité National nous le disait hier encore, dans son Rapport, en des termes bien nets : « Vers quelles destinées marchent nos Unions ? Sont-elles appelées à la vie, à une vie intense, plus féconde, ou à une décrépitude suivie de mort ? »²

Et, Messieurs et chers camarades, n'avons-nous pas le sentiment que c'est plus même que l'avenir de nos Unions qui est en jeu à cette heure : c'est l'avenir même du Christianisme, de l'Evangile, en notre

---

¹ Elie Gounelle, *Les Unions Chrétiennes de jeunes filles* (Revue du Christianisme Social 1898, p. 11).

² Rapport du Comité National, nov. 1902-oct. 1906 *(L'Espérance,* nov. 1906, p. 177).

vieille Europe et notamment en notre France chérie... car, Messieurs, « le flambeau de l'Évangile ne s'éteindra pas, sans doute, mais il peut se transporter ailleurs, et il s'y transporte. La Lybie, l'Egypte, l'Asie antérieure ne vous montrent-elles pas de belles et grandes provinces qui ont été chrétiennes et ne le sont plus? Le Croissant ne règne-t-il pas encore sur la cité d'où partait la convocation des conciles œcuméniques? Le tombeau du Christ n'est-il pas encore sous la domination des infidèles? Ici l'Islamisme n'est plus à craindre; on n'y menace pas le christianisme d'une fin violente que parce qu'il s'y meurt d'inanition. »[1]

Oh! Messieurs, les heures d'angoisse et les larmes brûlantes du jeune serviteur du Christ qui voit pâlir, dans le monde, l'étoile de son Bien-aimé, et qui sent et se rend compte que personne, parmi nous, ne sait le secret de l'évangélisation triomphante, n'est-ce pas que vous les connaissez?...

Eh bien! à l'œuvre, Messieurs, mettons en commun nos expériences et nos espérances et cherchons passionnément, amoureusement *à provoquer la rencontre de la jeunesse moderne avec notre Maître.*

Rentrés dans nos Unions, organisons des réunions pour le renouvellement de notre vocation unioniste missionnaire, où nous demanderons à Dieu, les uns pour les autres, qu'Il nous fasse lui-même prendre conscience de nos responsabilités et qu'Il nous arme pour la lutte conquérante que nous voulons de toute notre âme, qu'il nous évangélise Lui-même, Lui le

[1] Ch. Secrétan, op. cit. p 321.

grand évangéliste, pour que nous puissions évangéliser les autres.

C'est à nous, Messieurs, qu'il appartient de porter l'avenir. Plus d'un aura compris, ces jours-ci, l'émouvante page d'Amiel : « Un frisson nous saisit quand les rangs s'éclaircissent, quand l'âge nous pousse, quand nous approchons du zénith et que le destin nous dit : « Montre ce qui est en toi ! c'est le moment, c'est l'heure, ou retombe dans le néant ! Tu as la parole ! à ton tour ! fournis ta mesure, dis ton mot, révèle ta nullité ou ta capacité. Sors de l'ombre. Il ne s'agit plus de promettre, il faut tenir. Le temps de l'apprentissage est terminé. Serviteur, montre-nous ce que tu as fait de ton talent. Parle à présent ou tais-toi pour jamais ». C'est une sommation solennelle dans toute vie d'homme que cet appel de la conscience ; solennelle et effrayante comme la trompette du jugement dernier, qui vous crie : « Es-tu prêt ? rends compte. Rends compte de tes années, de tes loisirs, de tes forces, de tes études, de ton talent et de tes œuvres. C'est ici l'heure des grands cœurs, l'heure des héros et des génies. »[1]

Cette sommation, Messieurs et chers camarades, nous l'avons entendue. Elle nous est venue et de la jeunesse contemporaine, et du Maître de la jeunesse de l'avenir. N'y répondrons-nous pas d'un seul cœur avec toute notre Alliance : « Malheur à moi si je n'évangélise ! »… Dieu nous soit en aide !

Freddy DÜRRLEMAN.

[1] Amiel : *Journal intime*, tome I, page 20.

www.ingramcontent.com/pod-product-compliance
Lightning Source LLC
LaVergne TN
LVHW020942090426
835512LV00009B/1676